国外国防科技年度发展报告（2021）

# 战略威慑与打击领域科技发展报告

ZHAN LUE WEI SHE YU DA JI LING YU KE JI FA ZHAN BAO GAO

北京航天长征科技信息研究所

国防工业出版社

·北京·

图书在版编目（CIP）数据

战略威慑与打击领域科技发展报告/北京航天长征科技信息研究所编著. —北京：国防工业出版社，2023.7

（国外国防科技年度发展报告.2021）

ISBN 978-7-118-12938-0

Ⅰ.①战… Ⅱ.①中… Ⅲ.①战略武器－科技发展－研究报告－世界－2021 Ⅳ.①E92

中国国家版本馆 CIP 数据核字（2023）第 132429

## 战略威慑与打击领域科技发展报告

编　　者　北京航天长征科技信息研究所
责任编辑　汪淳
出版发行　国防工业出版社
地　　址　北京市海淀区紫竹院南路23号　100048
印　　刷　北京龙世杰印刷有限公司
开　　本　710×1000　1/16
印　　张　14
字　　数　186千字
版 印 次　2023年7月第1版第1次印刷
定　　价　98.00元

## 《国外国防科技年度发展报告》
## （2021）
## 编 委 会

主　　任　耿国桐

---

委　　员（按姓氏笔画排序）

王三勇　王家胜　艾中良　白晓颖
朱安娜　李杏军　杨春伟　吴　琼
吴　勤　谷满仓　张　珂　张建民
张信学　周　平　殷云浩　高　原
梁栋国

《战略威慑与打击领域科技发展报告》

编 辑 部

主　　编　曹志杰　罗清平
副 主 编　杨秋皓　王振清

编　　辑

夏　薇　陈祎璠

# 《战略威慑与打击领域科技发展报告》

审稿人员（按姓氏笔画排序）

王　林　王友利　王春芬　伍赣湘
齐艳丽　许春阳　孙晓飞　张　莉
赵国柱　夏　薇

---

撰稿人员（按姓氏笔画排序）

才满瑞　王友利　方　勇　付　丽
吕琳琳　伍赣湘　刘　畅　齐艳丽
许春阳　孙晓飞　李晓洁　李德顺
宋　岳　张　莉　张　莹　张丹丹
张睿健　陈祎璠　赵　松　赵国柱
赵彦生　侯　勤　袁永龙　夏　薇
高寒雨　郭晓兵　商翔伦　葛爱东
韩洪涛　蔡　莉　廖小刚　熊　瑛

# 编写说明

科学技术是军事发展中最活跃、最具革命性的因素，每一次重大科技进步和创新都会引起战争形态和作战方式的深刻变革。当前，以人工智能技术、网络信息技术、生物交叉技术、新材料技术等为代表的高新技术群迅猛发展，波及全球、涉及所有军事领域。智者，思于远虑。以美国为代表的西方军事强国着眼争夺未来战场的战略主动权，积极推进高投入、高风险、高回报的前沿科技创新，大力发展能够大幅提升军事能力优势的颠覆性技术。

为帮助广大读者全面、深入了解国外国防科技发展的最新动向，我们以开放、包容、协作、共享的理念，组织国内科技信息研究机构共同开展世界主要国家国防科技发展跟踪研究，并在此基础上共同编撰了《国外国防科技年度发展报告》(2021)。该系列报告旨在通过跟踪研究世界军事强国国防科技发展态势，理清发展方向和重点，形成一批具有参考使用价值的研究成果，希冀能为实现创新超越提供有力的科技信息支撑。

由于编写时间仓促，且受信息来源、研究经验和编写能力所限，疏漏和不当之处在所难免，敬请广大读者批评指正。

军事科学院军事科学信息研究中心<br>
2022 年 4 月

# 前　言

过去的 2021 年，国际安全形势发生较大变化。美国拜登政府上任伊始提出将《新削减战略武器条约》有效期延续至 2026 年，随后启动一系列战略规划与政策的重新评估与调整，开展新版《核态势审议报告》的起草；发布《2021—2030 年美国核力量成本预估》报告，未来 10 年间，美国将全面升级换代核打击体系，以保障核力量的全球领先地位。俄罗斯持续推进新型核武器的研发与部署，开展下一代"雪松"陆基战略导弹论证，继续部署"先锋"高超声速战略导弹，计划未来 3 年增加核武器投入。英国、法国等国家或宣称将提升核武库规模，或研制新型核运载工具，加强战略威慑力量建设，大力推进核武器及运载工具现代化。跟踪和分析国外战略威慑与打击力量科学技术发展，掌握国外战略威慑发展态势，对国外核威慑力量技术发展与能力建设趋势研判，具有重要意义。

本书内容主要包括国外战略威慑与打击力量科技发展战略规划、核武器及其投送、常规远程精确打击、快速全球打击技术、核工业等领域科技发展，为读者了解国外战略威慑与打击力量科技发展动态提供参考。本书分为三部分：综合动向分析部分系统归纳和总结了 2021 年国外战略威慑与打击力量科技的发展；重要专题分析部分针对领域内重要科技进展、热点问题等进行深入研究和讨论；附录部分包含 2021 年国外战略威慑与打击领域科技发展大事记、战略规划文件、重大项目画像、重大作战实验活动及军事演习等，对 2021 年上述领域发生的主要事件和重要进展进行梳理，供读者检索和参考。

编者

2022 年 5 月

# 目 录

## 综合动向分析

2021 年战略威慑与打击领域科技发展综述 ………………………… 3
2021 年军用核技术发展综述 ………………………………………… 14
2021 年核运载平台技术发展综述 …………………………………… 29
2021 年高超声速技术发展综述 ……………………………………… 42

## 重要专题分析

### 战略与政策

拜登政府核政策走向预判 …………………………………………… 55
美俄核军控走向分析 ………………………………………………… 59
英国宣称提升核武器规模及其影响分析 …………………………… 68
美英协助澳大利亚建造核潜艇的影响分析 ………………………… 73

### 战略威慑与打击技术

美国核作战构想研判分析 …………………………………………… 79
美国远程高超声速武器发展及作战运用 …………………………… 85
美国首枚 B61-12 核航弹完成组装即将批产影响分析 …………… 92

韩国潜射弹道导弹发展情况综合分析 ………………………………… 97

美俄非战略核武器发展解析 ……………………………………………… 104

美国核弹头现代化进展及未来发展构想 ………………………………… 111

## 核军工技术

美国国家点火装置惯性约束聚变实验取得重大突破 …………………… 116

美国高度重视太空核动力技术发展 ……………………………………… 121

美国近 10 年军用氚生产成本估算及分析 ……………………………… 127

美国空间放射性同位素电源应用现状与发展前景 ……………………… 133

## 前沿技术

美国下一代核指挥、控制与通信技术及能力预测分析 ………………… 138

下一代天基预警系统发展动向分析 ……………………………………… 146

核武器系统网络安全问题研究 …………………………………………… 153

## 附录

2021 年战略威慑与打击领域科技发展十大事件 ……………………… 163

2021 年战略威慑与打击领域科技发展大事记 ………………………… 172

2021 年战略威慑与打击领域发展战略规划文件 ……………………… 180

2021 年战略威慑与打击领域重大科研项目 …………………………… 183

2021 年战略威慑与打击领域重大科研机构画像 ……………………… 192

2021 年战略威慑与打击领域重大作战试验活动及军事演习 ………… 197

2021 年战略威慑与打击领域重要国防科技创新机构 ………………… 201

2021 年战略威慑与打击领域大型项目预算 …………………………… 204

2021 年战略威慑与打击领域重大试验活动 …………………………… 207

# 综合动向分析

ZONGHE DONGXIANG FENXI

# 2021 年战略威慑与打击领域科技发展综述

2021 年,美、俄高度重视并加快战略威慑领域的能力规划与科技革新。美国提出"一体化威慑"战略,在强化核威慑的同时,大力发展网络、太空、深远海、高超声速等新兴领域的威慑能力,试图构建对主要竞争对手的全域威慑体系。在核威慑领域,美、俄两国持续加大投入、推动核"三位一体"作战体系的升级改进。美国重点关注核指控系统的网络防御能力,延长现役战略武器的使用寿命。俄罗斯重在提高核指挥控制系统的战时生存效能,积极提升战略导弹武器的生存突防能力。"雪松"、"陆基战略威慑"(GBSD)等新一代战略导弹设计上,更加突出模块化、智能化和数字化的技术特点。亚太周边国家弹道导弹技术发展取得新突破,朝鲜成功试射新型高超声速导弹和潜射弹道导弹,印度已掌握"烈火"-5 导弹夜间发射技术。新型核燃料与核推进技术继续向着小型化、稳定化、实用化的方向发展,空间探索任务成为重要发展需求。这些新的趋势和特点,需要高度关注并认真分析。

# 一、核武器国家发布新版战略威慑规划、加强战略力量建设，谋求战略制衡能力

## （一）美国"一体化威慑"战略强调综合运用新技术、新概念和各种能力实现灵活、可靠的战略威慑能力

2021年5月，美国国防部部长奥斯汀在出席印太司令部司令交接仪式上，提出"一体化威慑"战略构想。该战略强调要将新技术、新型作战概念和各种能力以恰当的方式组合交织在网络中，形成可靠、灵活和强大的威慑能力。根据美方的表述，"一体化威慑"将作为"美国国防基石"，以及制定新版《国防战略》的主导思想，以有效应对大国竞争并维护美国自身的霸权。

"一体化威慑"战略体现了美国民主党政府一贯的多元化战略威慑思想，是对奥巴马政府亚太再平衡战略、"第三次抵消战略"的继承和发展；强调通过军事、科技、外交等多种手段的综合运用，达到灵活、可靠的威慑目的。"一体化威慑"战略将通过以下几个途径实现。

（1）打造全域威慑能力。"一体化威慑"力求打造从所有领域、多个维度施加威慑的整体效果，置敌于多重困境，从而达到不战而胜的目的。

（2）融合技术创新与新概念开发。"一体化威慑"既依赖于创新与投资，也依赖技术和理论的融合，具体就是将人工智能、量子计算等尖端技术与"联合全域作战"等作战概念充分结合，从而生成可靠有效的威慑能力。2021年7月，美国国防部部长奥斯汀表示，未来5年美国将投入约15亿美元用于AI相关的技术研发。

（3）实现盟友力量一体化联网。美国国防部提出针对中国的"太平洋

威慑倡议",强调增加提升盟友能力的投资,并加强双多边联合演习、互联互通互操作、作战数据开放共享、作战规则和指挥控制模式衔接适配等,以增强威慑效果。

(4) 开展军事与非军事手段一体运用。奥斯汀强调,"一体化威慑"将充分运用所有军事和非军事手段来实现威慑目的,包括应对"灰色地带"在内的各类威胁和冲突。

## (二) 俄罗斯、英国发布安全战略,规划战略力量走向

俄罗斯将核武器视为制衡美国及北约的战略筹码,不断强化核遏制能力。7月公布的《俄联邦国家安全战略》强调"核威慑力量保持在足够水平"。截至 2021 年底,俄罗斯"三位一体"战略核力量更新率达 88%,"萨尔马特"等新型核武器即将列装部署。

英国先后发布《竞争时代的全球化英国》《全面竞争时代的国防》等文件,强调核遏制力量是英国国防的核心要素;为应对显著增加的多元化威胁,英国调整最低限度核威慑政策,将核弹头上限由 180 枚增加到 260 枚。

## (三) 美、俄制定核武器高额预算,全力保障"三位一体"核力量的升级改进

2021 年 5 月,美国国防部提交 2022 财年预算申请,其中包括 277 亿美元用于核武器现代化。在核威慑现代化方面,美国国防部持续获得国会两党的大力支持。当月,美国国会预算办公室(CBO)发布题为《美国未来 10 年(2021—2030)核力量投入》的研究报告,预测了 2021—2030 年间核力量的投入情况。CBO 预测未来 10 年,美国在核力量方面的支出约为 6340 亿美元,平均每年超过 600 亿美元。美国国防部主要核现代化项目 2022 财年预算申请如表 1 所列。

表 1　美国国防部主要核现代化项目 2022 财年预算申请　　单位：亿美元

| 武器系统 | 2020 财年实际拨款 | 2021 财年已批准拨款 | 2022 财年预算申请 | 2021—2022 财年变化 |
|---|---|---|---|---|
| "陆基战略威慑系统"（GBSD） | 5 | 14 | 26 | +12 |
| 远程防区外巡航导弹（LRSO） | 7 | 4 | 6 | +2 |
| "哥伦比亚"级弹道导弹潜艇 | 23 | 45 | 50 | +5 |
| "三叉戟"-2 导弹改进 | 15 | 15 | 16 | +1 |
| B-21 轰炸机 | 29 | 28 | 30 | +2 |
| F-35 双功能战斗机 | 0.7 | 0.9 | 0.4 | -0.5 |
| B61 炸弹改进 | 0.66 | 0.45 | 0.03 | -0.42 |
| 核指挥、控制和通信（NC3） | 25 | 27 | 29 | +2 |

俄罗斯同样在增加核力量现代化的预算投入。据美国防务新闻网 2021 年 11 月报道，在俄罗斯正在讨论的国防预算草案中，未来 3 年在升级核力量方面的支出将逐步增加。2022 年和 2023 年，俄罗斯计划每年向核武库拨款约 6.9 亿美元，2024 年计划拨款约 7.89 亿美元。

## 二、美、俄加快新一代战略导弹设计研制工作，高度关注核指控系统的能力提升，战术核武器实战化门槛降低

### （一）模块化、智能化、数字化将引领新型战略导弹武器设计发展趋势

2021 年，俄罗斯启动"雪松"新型固体战略导弹系统的设计工作，并列入现行的 2027 年前国家武器装备计划。据推测，"雪松"导弹可能投送高超声速弹头，并携带更先进的大气层内和大气层外突防装置。2021 年，美国陆基战略威慑系统开始启动一系列评审，目前陆基战略威慑系统多个分系统已成功通过关键设计评审，空军计划于 2023 年开展首飞。

## 综合动向分析

模块化、智能化设计成为美、俄新一代战略导弹的设计共识。俄军方和专家近年一直研究新导弹的模块化能力，可能将引入模块化设计方案，如"雪松"导弹未来可能拥有从数十万吨到百万吨级当量的多种模块化弹头。GBSD 项目的模块化设计更为彻底。GBSD 项目采用模块化设计和工业标准接口，可在整个生命周期简化升级过程。如果一个模块变得过时，可以通过标准接口更换新的模块。GBSD 可以在整个系统生命周期内公开竞争更换零件、备件和更新模块。这使得 GBSD 可以避免供应商锁定，也可以避免生产同类产品的唯一供应商倒闭的情况。在智能化方面，俄罗斯有意通过"雪松"战略导弹项目，将人工智能技术应用于核指挥控制与通信系统，加快其决策程序，提高系统整体可靠性与安全性，从而在遭受反导系统拦截时具有更高的生存能力。美国在 GBSD 项目的方案设计时，同样提出了类似的性能指标，要求 GBSD 系统能针对各种不同的作战想定，按照指挥官的意图，提供与敌方行动相对应的作战效果。

美国得益于在数字工程方面的技术优势，全面推动数字工程在战略导弹武器系统中的应用，提高导弹的设计、研发和管理效率。2021 年 9 月 7 日，美国空军杂志网站报道，美国空军洲际弹道导弹现代化采用先进数字化解决方案。数字工程应用于现役"民兵"-3 系统和 GBSD 系统，可生成多种设计方案和虚拟样机设计，并通过计算分析做出决策。目前一家名为 Guidehouse 的咨询公司已经为"民兵"-3 创建新的数字模型，未来可将这些模型与其他数据结合起来，并应用人工智能对系统进行预测性健康监测，并获得未来十年维持现役武器系统的方法和部署 GBSD 的解决方案并确定其优先级。

**（二）美国积极推动现役武器装备的延寿改进和新型装备的部署进程，俄罗斯着重提升核武器装备的生存突防能力**

美国希望尽可能延续现役核武器装备的使用寿命，赋予战略导弹武器执行更多任务、打击多种目标的能力。2021 年 7 月，美国能源部国家核安全管理局宣布，完成"三叉戟"-2 导弹首个改进型 W88 核弹头（W88 Alt 370）的生产。该弹头的生产部署能够缓解现役库存 W88 核弹头的使用寿命到期问题，携带的新型引信可提升对核武器、加固发射井、地下指挥所等目标的打击能力。

俄罗斯重点强调战略导弹武器的生存突防能力，注重发展高超声速导弹和高生存能力的发射平台。首批 2 枚"先锋"高超声速导弹于 2019 年底投入战斗值班，此后每年部署 2 枚，截至 2021 年底，共部署 6 枚、建成第一个"先锋"导弹团。目前俄军正按计划重整军备，继续推进导弹发射井改进工作以装备"先锋"导弹；第二个"先锋"高超声速导弹团计划于 2023 年进入战斗值班。俄罗斯首艘"北风之神"A 级新型战略核潜艇成功试射布拉瓦导弹，在 2021 年底服役。

### （三）美国重点提高核指控系统的网络防御能力，俄罗斯积极发展新型核指挥控制系统

美国国防部将核指挥、控制和通信（NC3）系统的现代化改进作为优先发展项目。据防务头条网站 2021 年 1 月 5 日报道，美国国会对核指挥、控制与通信系统网络安全表示担忧。美国战略司令部司令理查德指出，美国战略司令部正在开展的 NC3 升级改进计划，被称为下一代 NC3，将增加新的网络防御能力。国防部 5 年预算计划中包含"NC3 增量 1"计划，将改进太空资产，提高应对新兴的网络和加密威胁，同时要消除一些传统的不兼容系统。此外，"NC3 增量 1"将具备动态重构软件的能力，包括网络安全软件，以提供更大的弹性。"NC3 增量 2"将在"NC3 增量 1"研究的作战概念以及战略司令部的试验基础上进行改进。

俄罗斯方面重点提升核指挥控制系统的战时生存能力。据俄罗斯官方

媒体2021年7月称，俄罗斯正在发展一种新型"末日"飞机，取代原有的伊尔－80飞机，可在核武装冲突等灾难中充当飞行指挥控制中心，这项工作正在沃罗涅日进行。新飞机在伊尔－96－400M客机的基础上改装而来，将增加战斗值班时间，并扩大对核力量的控制范围。俄罗斯军队预计将接收至少两架新飞机，其中一架已经投产。另据俄新社报道，新飞机的航程将较上一代更远，可在5955千米范围内与战略核力量进行有效通信。此外，2021年8月22日至28日，在莫斯科举办的"军队－2021"国际军事技术论坛上，俄罗斯国防部与莫斯科热工研究所签署一份机动指令弹系统供应合同，机动指令弹系统将在该国的领导层和战略导弹部队指挥所被核摧毁的情况下，"唤醒"其他战略导弹系统，进行报复性核导弹攻击。该机动指令弹系统将替代之前部署在地下井中的"周长"指令弹。

**（四）美、俄战术核武器采取隐蔽、灵活的部署方案，呈现小型化、低当量及发射平台多元化技术趋势**

2021年，美、俄积极发展并部署战术核武器。战术核武器爆炸当量相对较小，但灵活轻巧，命中精度高，实用性更强。

美国已完成首枚B61－12核航弹组装、部署W76－2低当量潜射导弹核弹头。2021年10月，美国空军第59测试开发中队和第422测试评估中队的F－35A隐身战机，在内华达州的内利斯空军基地北部的托诺帕试验靶场进行了B61－12核航弹的投掷测试。两架F－35战机各自投下1枚测试用无装药B61－12核弹，精确摧毁两个预设目标。未来，美国计划将F－35隐身战机和新型战术核炸弹组合在一起，形成强大的核打击系统。

俄军也高度重视战术核武器发展，并推动部分导弹向核、常两用方向发展。目前，俄海基"缟玛瑙""口径"反舰导弹、空基"匕首"高超声速导弹与Kh－102巡航导弹、陆军"伊斯坎德尔"9M729型巡航导弹都具备搭载战术核弹头能力。未来，俄军战役战术核武库规模可能继续扩大。

## 三、朝鲜、韩国近中程战术弹道导弹技术实现新突破，印度"烈火"－5 基本具备作战能力

2021 年 7 月，韩军成功完成国产潜射弹道导弹的水下发射试验，此次成功发射的潜射导弹是由"玄武"－2B 弹道导弹改造而成，最大射程为 500 千米左右。此次发射使韩国成为世界上第 8 个拥有导弹水下发射技术的国家。本次成功完成潜射弹道导弹试验任务的韩国首艘 3000 吨级潜艇"岛山安昌浩"号，在完成鱼雷发射系统试验评价后，也计划于 7 月中旬移交给海军。"岛山安昌浩"号潜艇可以搭载潜射弹道导弹，可对敌陆地纵深目标进行打击；除了潜射弹道导弹，它也具备发射"玄武"－3 巡航导弹能力。首批建造的潜艇配备了 6 个导弹发射筒，可携带 6 枚潜射弹道导弹。

2021 年，朝鲜宣布成功试射高超声速导弹和新型潜射弹道导弹，实现战术打击能力的新突破。据朝中社称，9 月 28 日，朝鲜国防科学院在慈江道龙林郡都阳里进行了新开发的"火星"－8 型高超声速导弹试射，验证了导弹在主动段的飞行控制性能和稳定性、被分离的高超声速滑翔飞行战斗部的制导机动性和滑翔飞行特点等技术指标。同时，试验还验证了第一次采用的导弹燃料系统和发动机稳定性。韩军联合参谋本部 9 月 29 日称，据探测，"火星"－8 飞行距离不足 200 千米、最高高度 30 千米。11 月 19 日，朝鲜国防学院成功试射一枚新型潜射弹道导弹。朝鲜国防学院表示，此次发射任务是由 5 年前成功发射朝鲜第一枚潜射战略弹道导弹的"8.24 英雄舰"执行的。新型潜射弹道导弹采用侧面机动及滑翔跳跃机动等许多升级的制导技术。韩军初步研判认为，朝鲜新型潜射弹道导弹射高为 60 千米，

飞行距离为590千米。

2021年10月27日,印度在东部奥里萨邦海岸的阿卜杜尔·卡拉姆岛成功发射1枚"烈火"-5远程弹道导弹,导弹最高速度达到马赫数24、飞行5000千米后,在15~18分钟内击中预定目标,最终落入孟加拉湾海域。这是"烈火"-5导弹首次夜间测试,也是负责印度核武库的战略部队司令部在引入这款导弹后的首次试射,意味着"烈火"-5导弹已经走向实战化。

## 四、美国积极发展三元结构各向同性燃料满足军用微堆、空间堆燃料需求,推动空间核动力技术发展

三元结构各向同性(TRISO)燃料是美国下一代反应堆技术的主要燃料形式和研发方向之一。为满足军用微堆(保障偏远基地和前沿作战基地的电力供应)和空间堆的燃料需求,美国正在积极研发生产TRISO燃料。2021年3月,美国国防部选择BWX技术公司和X能源公司继续开展设计工作,这两种设计均使用TRISO燃料。2022年初完成设计审查和环境分析后,国防部可能会选择其中一家公司的设计来建设和示范原型堆。国防部认为,TRISO燃料是成功开发军用微型可移动核反应堆电源的关键因素。美国视空间为优先战略领域,正在积极推进空间核动力技术发展与能力建设。2020年8月,美国国家航空航天局征集了4种核热推进系统的初步反应堆概念设计,分别来自BWX技术公司、通用原子公司、超安全核公司和X能源公司,经审核组评估均符合要求。按照美国国家航空航天局在行业招标时的规定,这四种核热推进反应堆都将使用高丰度低浓铀TRISO燃料。2021年7月,美国国家航空航天局和能源部与前三家公司签署合同,资助

其开展深空探测任务的核热推进反应堆概念设计。

美国计划未来十年在空间核动力技术方面取得重大突破，为月球和火星探测任务提供支撑。2020 年 12 月，美国白宫发布《有关空间核电源与核推进的国家战略备忘录》；2021 年 1 月，美国能源部发布《太空能源战略》。两份文件针对空间核动力技术的发展和应用，提出了具体的目标和规划：一是到 2027 年，在月球表面示范 10 千瓦星表核反应堆电源，电源功率需能够进一步扩展到 40 千瓦及更高水平，为未来保持在月球的持久战略存在和火星探测任务提供支持；二是到 21 世纪 20 年代末期，解决核热推进关键技术，满足美国国防部和国家航空航天局未来太空任务的要求；三是到 2030 年，至少开发出一种效率更高、比能量更大和运行寿命更长的先进放射性同位素电源，支持月球和火星探测任务，扩大航天器在太阳系的探索范围。美国国家航空航天局、能源部和国防部正在共同推进空间核动力技术的开发。空间核动力主要包括空间核电源和核推进：空间核电源方面，正在重点发展星表核反应堆电源，并启动了下一代放射性同位素电源的开发；核推进方面，当前开发工作主要集中在核热推进上，面临的开发挑战较大，对核电推进的投入相对有限，进展也较为缓慢。

## 五、小结

2021 年国外战略威慑与打击领域的发展特点是，新技术在战略威慑领域的应用速度和作用效果显著加强，正在改变战略威慑体系的格局，并直接影响未来作战体系和新型装备的发展。美国提出的"一体化威慑"战略，试图从所有领域、多个维度对对手施加整体威慑，新兴科技力量成为美国提升多域军事能力的关键支撑。"核三位一体"作战体系更加关注在新技术战场环境下的生存、突防能力和多任务适应能力，美国重点提高核指控系统的网络防御能力，俄罗斯则努力提升指控系统和装备平台的战时生存能力。模块化、智能化、数字化成为美、俄新一代战略导弹设计的主要特点。此外，美国也在积极发展新的核燃料和核动力技术，继续扩大对核能的利用和转化效率。

通过上述跟踪发现，未来新兴科技力量的发展将成为影响战略威慑领域变革与竞争的决定性因素。对此，国防科技领域，一方面要积极推进新兴科技在战略威慑领域的应用速度，加快新兴技术的研发测试和转化速度，支持新型威慑能力的快速形成；另一方面也要积极应对对手新技术装备和能力对现有战略威慑体系的影响，确保体系的弹性和冗余度，持续保障战略威慑体系的战时有效性，维护国家的战略安全。

（北京航天长征科技信息研究所　王友利　刘畅　张莹　夏薇）

# 2021年军用核技术发展综述

2021年,美、俄等国出台新的战略规划和政策,确保核工业与技术发展继续保持世界领先。主要核国家持续投入,推进核力量现代化建设,核武器装备重点项目取得重要进展;积极发展和建设新型海军核动力装备,为深空探测和载人航天积极发展空间核动力技术。美国围绕落实"下一代基于科学的武库维护战略",持续稳步推进多项关键技术研究;核军控取得一定程度进展,美俄双边军控协议短期延长;国际社会仍面临严峻核安全挑战。

## 一、战略与管理

### (一)世界核武库规模略有减小但部署的核武器数量增加

6月,斯德哥尔摩国际和平研究所发布2021年年鉴,评估了全球核态势,认为"自去年以来,尽管世界核武器的总体库存有所下降,但可备战的武器数量却在增加"。年鉴称,截至2021年1月,拥有核弹头的国家仍然为9个,分别为美国、俄罗斯、英国、法国、中国、印度、巴基斯坦、以色列和朝鲜，总数约为 13080 枚（2020 年 13400 枚）。相比于 2019 年初，核弹头总量减少了 320 枚。美国拥有 5550 枚核弹头（部署 1800 枚），俄罗斯 6255 枚（部署 1625 枚），美俄部署于作战部队的核弹头数量均比 2020 年增加约 50 枚；英国 225 枚（部署 120 枚），法国 290 枚（部署 280 枚），印度 156 枚，巴基斯坦 165 枚，以色列 90 枚，朝鲜 40~50 枚。

**（二）美俄继续保持投入积极推进核力量现代化建设**

美国核力量现代化仍保持高投入。5 月，美国国会预算局发布《2021—2030 年美国核力量成本预估》报告称，美国核力量将在未来 10 年间耗资 6340 亿美元，其中 5500 亿美元将用于实施国防部和能源部制定的计划。报告认为，用于实施国防部和能源部制定的核力量相关计划的 5500 亿美元涉及的具体项目和金额分配如下：战略核运载系统和武器共计 2970 亿美元；战术核运载系统和武器共计 170 亿美元；能源部的核武器实验室及其支持活动共计 1420 亿美元；国防部指挥、控制、通信和预警系统共计 940 亿美元。可以看出为了继续保持在核力量的全球领先地位，美国在未来十年仍将保持投入，对其核打击体系进行全面的升级换代。

俄罗斯未来 3 年将逐步增加核武器经费。11 月，俄罗斯议会讨论新的国防预算草案。根据草案，升级核武库仍然是俄罗斯的首要任务。从 2022—2023 年，每年将为核武器及相关设施申请 6.9 亿美元经费，2024 年将申请 7.9 亿美元。此次俄罗斯增加对核武器的预算，主要是继续对 20 世纪八九十年代服役的核装备更级换代。

**（三）美俄重视核能科技以保持在核技术领域的领导地位**

美国公布核科学技术战略。1 月，美国能源部概述了支持美国现有核电机组、示范核能技术最新创新和探索新市场机会的战略。该计划是推进核能科技，满足美国能源、环境和经济需求的任务蓝图，战略确定了继续运行美国现有反应堆、部署先进反应堆、发展先进的核燃料循环等5个方面的目标。

俄罗斯成立新一代核技术联盟。1月，俄罗斯9家科研院所、中心和大学联合成立联盟以开发新一代核能技术，重点关注基于闭式核燃料循环的热堆和快堆核能体系的相关研发、为第四代核反应堆和示范聚变反应堆研发新材料、扩展核电站物理过程建模的实验数据库等。

**（四）英国宣布将增加库存核弹头上限**

3月，英国发布《竞争时代的全球化英国》报告，全面评估脱欧后英国的安全、国防、发展和外交政策。报告提出将库存核武器上限增加至260枚，远超此前宣布的180枚弹头上限。英国增加库存核弹头上限，一方面希望以核威慑为支撑，在脱欧后重塑其大国地位；另一方面，也是出于应对"俄罗斯威胁"的现实考虑。近年来，英、美等西方国家不断指责俄罗斯以威胁有限使用战术核武器迫使北约国家放弃与俄罗斯的常规冲突，可能促使英国重新评估其核武库规模能否满足最低限度核威慑的要求。

## 二、工业与能力发展

**（一）美国钚弹芯能力建设计划面临延迟**

6月，美国国家核军工管理局（NNSA）代理局长称，由于萨凡纳河钚加工设施（SRPPF）的钚弹芯生产较计划推迟5年，该局无法实现在2030年前完成每年至少生产80个钚弹芯的目标。美国钚弹芯能力建设延迟，或可能影响W87-1弹头研制等核弹头发展计划，进而拖慢美国核力量现代化的进程。钚弹芯是核武器的核心部件，近年来，美国致力于重建武器用钚弹芯生产能力。2020年2月，能源部按照联邦法律以及美国2018年版《核态势评估》等战略文件的要求，在提交国会的2021财年预算报告中提出落实"双场址"战略的具体举措，大力推进钚弹芯生产能力建设。通过实施"双场址"战略，美国计划2080年前可至少生产4000个新的武器用钚弹芯，确保美国长期保持强大核威慑。

**（二）美国国家核军工管理局创造氚提取批次的新纪录**

9月，美国能源部国家核军工管理局宣布，通过与萨凡纳河核解决方案公司合作，萨凡纳河场址的氚提取装置2021财年创造了氚提取操作批次的新纪录。氚提取装置完成了7批次提取，其中的2批次原计划在2022财年进行，这是此前单个财年最多3批次的两倍以上。氚是核武库现代化的关键组成部分，并且必须补充以维持国家的核威慑力量。氚生产来自田纳西河流域管理局运营的核电反应堆中辐照的"产氚可燃吸收剂棒"。辐照后的靶件随后被转运到萨凡纳河场址，在那里氚经提取、纯化并装入储罐，然后运送到国防部。按计划，从2021财年开始，氚提取装置将连续几年，增加氚提取操作批次。

**（三）俄罗斯电化学厂稳步推进离心机以新代旧**

6月，俄罗斯核燃料产供集团宣布，泽列诺戈尔斯克电化学厂的铀浓缩车间已完成由新型气体离心机组成的第二条铀浓缩生产线的安装。生产线安装工作属于燃料部门生产设施现代化改造计划，根据计划，电化学厂将使用新型离心机逐步取代老旧离心机，在2021年分5期开展离心机以新代旧工作。

## 三、核技术与装备发展

### （一）核武器装备与技术

**1. 美国重点核武器项目研制取得进展**

首批两架 B-21 隐身轰炸机已完成建造。6 月，美国空军表示，诺斯罗普·格鲁曼公司首批两架 B-21"突袭者"远程轰炸机已完成建造，并将开始测试，首飞时间推定于 2022 年。空军计划采购 100 架 B-21 轰炸机，首先替代老化的 B-1B 轰炸机。预计 B-21 轰炸机将在 2030 年达到初步作战能力，并将携带核武器，包括新的远程防区外巡航导弹。

完成首枚 W88 改进 370 核弹头生产。7 月，国家核军工管理局宣称，"已完成首枚 W88 改进 370 核弹头的组装"。根据核武器库存管理计划，该弹头将于 2026 年前替换现役全部的 384 枚海基 W88 核弹头。W88 改进 370 核弹头服役后，将配装于"三叉戟"-2 导弹随"俄亥俄"级弹道导弹核潜艇威慑巡航，21 世纪 30 年代起将随性能更加强大的"哥伦比亚"级弹道导弹核潜艇开展威慑巡航，进一步增强美国海基核威慑与打击能力。

远程防区外巡航导弹工程制造阶段的合同授出。7 月，国防部表示，雷声公司已获得 20 亿美元的合同，用于远程防区外巡航导弹的工程和制造开发阶段。在此阶段，制造过程将更加成熟，并将过渡到试生产准备状态。远程防区外巡航导弹可携带核弹头，B52 和 B-21 轰炸机均可以携带这种导弹，美国空军计划购买 1000 枚该型导弹。

F-35 战斗机完成 B61-12 全武器系统演示验证。10 月，空军空中作战司令部（ACC）宣布，2 架 F-35A 战斗机分别从内华达州内利斯空军基地起飞，飞抵约 260 千米外的桑迪亚国家实验室托诺帕靶场，各投掷了 1 枚重量、子系统与全备弹相同、未配装战斗部的 B61-12"联合试验组装弹"（JTA），成功完成 B61-12 核弹全武器系统演示验证。F-35 战斗机距获得作战使用资质认证、成为首型核常兼备第五代机更进一步。

**2. 美国持续推进核武器库存管理确保核武器安全有效**

新建设施以减少核武器部件设计制造时间。4 月，美国劳伦斯利弗莫尔国家实验室完成一座 1486 米$^2$ 设施的建造，该设施将容纳支持聚合物生产任务的设备，从而减少核武器部件的设计和制造时间。该设施名为第 225 号制造科学大楼（B225），提供开放、灵活的平面图，能够减少设计和建造时间，以支持国家核军工管理局 W80-4 延寿计划和 W87-1 改进计划的要求。

进行 W80-4 核弹头相关热、冲击、振动试验。7 月，劳伦斯利弗莫尔在 W80-4 核弹头测试件上进行了第一批综合环境地面测试，以确保核弹头在储存时能够经受热、冲击和振动等环境考验。此次测试获得的数据将为设计决策提供信息，定义核弹头部件的环境规范，并用于计算模型验证。

氚精加工装置完成概念设计。7 月，美国国防核设施安全委员会认可了能源部批准的萨凡纳河场址氚精加工设施的第一个关键决策（CD-1），这标志着项目定义阶段和概念设计的完成。委员会审查了与 CD-1 里程碑相关的设计和安全基础文件，并确定了几个关键领域的观察结果：限制策略、危险和事故分析、控制的识别和分类、记录代码、软件质量保证以及跟踪打开的项目。

**3. 俄罗斯核力量建设将达到预设现代化目标**

战略核武器更新将超 88%。4 月，普京在联邦议会发表年度国情咨文时表示，俄罗斯正在进行核武库现代化的工作，到 2021 年底，俄罗斯"三位一体"核力量中的先进武器装备（包括战略轰炸机、洲际弹道导弹和弹道导弹核潜艇）将超过88%。

新一代洲际弹道导弹在演习中战斗巡逻。7月，俄国防部宣布，在近期进行的战略导弹部队演习中，"亚尔斯"机动洲际弹道导弹发射器在东西伯利亚伊尔库茨克地区开始战斗巡逻。演习中，"亚尔斯"导弹团进入阵地战备状态。演习涉及10项先进的特种硬件，包括工程、国防和安全、辐射、化学和生物防护单位的物资等。超过1000名战略导弹部队人员和约100件军事装备参与演习。

"萨尔马特"洲际弹道导弹地面研制工作已接近尾声。8月，俄罗斯表示，"萨尔马特"先进陆基井式洲际弹道导弹地面研制工作已接近尾声，该导弹能保障俄罗斯国土安全30～40年。俄罗斯国防部长绍伊古称，"萨尔马特"的飞行试验于今年开始，并于2022年结束。俄罗斯战略导弹部队计划从2022年开始列装该导弹。

**4. 印度"烈火"－5弹道导弹已经接近实战化**

10月，印度国防部宣布，27日晚间成功试射一枚可携带核弹头的"烈火"－5洲际弹道导弹，成功抵达预设目标。"烈火"－5导弹在此次试射之前，已进行了7次测试，分别是2012年4月19日（首次试射）、2013年9月15日、2015年1月31日、2016年12月26日、2018年1月18日、2018年6月3日、2018年12月10日（最终飞行测试）。据印度官方信息和媒体报道，这7次试射均取得成功。此次试射是"烈火"－5的第8次也是首次夜间测试，是负责印度核武库的战略部队司令部在引入这款导弹后的首次"用户试验"，这意味着"烈火"－5弹道导弹已经接近实战化。

**（二）军用核动力**

**1. 美国重视空间核动力技术发展**

美国将太空核动力视为战略核心技术，通过发布战略政策文件，从国家顶层加以推进。2021年1月，美国发布"推动小型模块化反应堆用于国防与太空探索"总统行政令，提出将研发用于国防和太空探索的小型模块化核反应堆；同月，美国能源部发布《太空能源战略》，提出发展下一代放射性同位素电池、新型星表太空核裂变电源系统和核热推进系统，以支持美国的太空安全与太空探索工作。这些战略文件详细规划了美国太空核动力未来发展的总体目标，明确了各个太空核动力系统的发展路线图，解决了美国太空核动力技术研发向型号工程过渡面临的政策瓶颈。

在国家顶层战略的指导下，美国太空核动力技术发展进入新阶段，特别是核热推进技术研发加速。2021年6月，DARPA宣布，已将"用于地月空间敏捷响应的验证火箭"计划的第一阶段合同分别授予通用原子、蓝色起源等公司，启动研制新型核反应堆和在轨验证航天器，目标是在2025年全面进行在轨示范。未来18个月，团队将开发核热推进反应堆和进行航天器概念设计。7月，NASA称已为深空探测任务选定了三个核热推进反应堆概念设计提案。反应堆是核热推进器的关键部件，将使用高丰度低浓铀燃料。爱达荷国家实验室代表NASA和能源部与BWX技术公司等三家企业签署了为期12个月的合同，开展可用于核热火箭发动机的核反应堆原型研发，并确立发动机及其子系统的性能要求。

**2. 美俄英法核潜艇计划顺利开展**

法国启动下一代战略核潜艇计划。2月，法国国防部宣布第三代战略核潜艇（SNLE 3G）项目进入全面开发阶段，首份合同将于2021年签订，包括开展2025年前研发，生产首艘SNLE 3G艇体和蒸汽发生器的首批部件，以及改进舰体工业制造方法。SNLE 3G项目进入全面开发阶段，标志着法国海基核力量现代化取得重要进展。

俄罗斯最新核潜艇在北极演习中表现出色。3月，俄罗斯在北极举行代号为"白熊–2021"的军事演习，3艘弹道导弹核潜艇首次同时突破厚度1.5米的冰层浮上水面。俄海军称，3艘潜艇之一的"弗拉基米尔大公"号在演习中表现出色，从冰层下浮出水面时没有受到任何损坏，充分展示了该艇的实力。俄海军总司令叶夫梅诺夫称，3艘核潜艇同时破冰浮出水面史无前例。

俄罗斯特种用途核动力潜艇完成首次海试。7月，俄罗斯特种用途核动力潜艇"贝尔哥罗德"号完成首次海试。俄罗斯国防部表示，"贝尔哥罗德"号是首艘能够携载"波塞冬"核动力水下无人潜航器的潜艇，其武器系统的测试也接近完成。

俄罗斯海军两艘"北风之神"级最新型弹道导弹核潜艇即将列装。目前在建的"苏沃洛夫将军"号"北风之神"A级弹道导弹核潜艇将于2022年12月交付海军。该艇是俄罗斯海军列装的第3艘"北风之神"A级核潜艇。此前报道称第2艘"北风之神"A级将在今年12月服役。随着"德尔塔"级潜艇的逐步退役，"北风之神"级核潜艇将逐渐成为俄罗斯海基核力量的主力潜艇。

**3. 美国积极推动小微型核反应堆在军事领域的应用**

美军认为，微型可移动反应堆是能够"改变游戏规则"的颠覆性技术，积极推动微型可移动反应堆的开发应用。2021年3月，美国国防部向BWX技术公司和X能源公司授予微型可移动反应堆原型堆的研发合同，计划在2022年初设计审查和环境分析完成后，选择其中一家公司进行原型堆的建造和示范工作，预计2027年建成首座示范堆。同时，美国国防部正在推进固定式军用微堆技术的研发和示范工作。10月，美国空军选定艾尔森空军基地作为固定式微型反应堆的安装场址。微堆试点计划是根据美国《2019财年国防授权法案》的要求启动的，目的是"为关键的国家安全基础设施提供清洁、可靠和灵活的核能供应技术"。该法案要求在 2027 年年底前确定微堆选址、建设和运行的场所。未来固定式微堆的推广应用，将大幅加强美国军事基地尤其是位于海岛、沙漠等偏僻地区的军事基地的能源供应安全。

**4. 俄罗斯核能项目关键技术取得突破性进展**

俄罗斯全面推进 Brest 铅冷快堆建设。2 月，俄罗斯核安全与安保监管机构正式批准了 Brest–OD–300 快中子反应堆的建造许可，预计反应堆的主要部件将于 2025 年完成安装。铅冷快堆在舰船核动力领域，以及大规模能源供应、核燃料增值等方面具有较好的应用前景，将铅冷快堆小型化后，在偏远军事基地供能和海洋开发等方面也具有应用潜力。

## 四、核武器关键技术发展

2021 年，美国围绕落实"下一代基于科学的武库维护战略"，持续稳步推进核爆过程物理研究、库存到靶目标序列环境工程研究、监测检测技术开发、部组件技术开发和生产工艺开发等工作，为维持核武器长期安全、安保和可靠提供重要支撑。

**（一）继续开展核爆过程物理研究相关实验，取得多项重大里程碑进展**

次临界实验是禁核试后美国研究核爆过程的重要方式。2021 财年，美国完成 3 次次临界实验，代号分别为"龙葵 A""龙葵 B"和"龙葵 C"，主要目的是研究钚表面的二次微喷行为，为基于物理的微喷模型中的源项提供有意义的约束参数，提升对钚动态行为的认识，增强科学计算和建模能力。同时，美国还积极开展相关实验筹备工作，如为"乌头"次临界实验系列开发诊断工具，探索实验方案；为"灵活"和"大盆地"次临界实验系列准备实验场地等。此外，美国还在持续加强次临界实验能力建设，包括开发"天蝎座"X-射线辐射照相装置和诊断中子次临界实验能力，以便在21世纪20年代中期实现对初级内爆后期动力学行为和核反应度的测量。2021财年，美国为"天蝎座"设计、测试并成功鉴定了固态脉冲功率源；为诊断中子次临界实验能力项目选定了伽马射线探测器阵列，并完成了内华达国家安全场地U1a.03试验床的初始设计方案等。

美国继续开展上千次实验室实验，目的是研究核炸药包材料的动力学特性、高能炸药的安全性及爆轰性能、核物理、高能量密度物理、等离子体和原子物理以及材料的化学行为等，为次临界实验、核武库现代化计划、弹芯寿命评估与弹芯制造等提供重要支撑。2021财年重要进展包括：在内华达国家安全场地的大型炸药实验装置开展综合碎片试验，支持"龙葵"次临界实验；在高能炸药应用设施开展两次分解实验，为W-80-4延寿计划和W-87-1改型计划提供关键数据和认识；在Z脉冲功率装置上连续进行两次测量老化钚动态响应的实验，支持钚老化国家科学战略等。

激光间接驱动惯性约束聚变点火实现重大突破。2021年8月，美国国家点火装置（NIF）进行了一次实验，其强大的激光脉冲引发燃料靶丸的核聚变反应，释放出1.35兆焦能量，相比于2018年创纪录的聚变放能提高了约25倍。这一能量达到触发该过程的激光脉冲能量的70%，意味着美国国家点火装置的惯性约束聚变研究接近核聚变"点火"，即聚变反应所产生的能量等于或超过输入能量。试验结果表明，实验室可控聚变点火理论基本得到了试验验证，提振了美国在实验室实现可控聚变点火的信心。

**（二）持续升级核爆过程计算模拟能力，加深对核爆过程的科学认知**

美国继续以百亿亿次级计算能力为目标，推进高性能计算平台建设，并探索超越百亿亿次级计算能力的新型高性能计算架构和计算技术。首先，在支持核武库维护方面，美国继续改进高能炸药爆轰和安全性、初级内爆、助爆和次级内爆相关的模型和代码，提升武器评估和预测能力。其次，在推进百亿亿次级计算能力建设方面，美国国家核安全管理局（NNSA）向惠普公司授予了高性能计算平台 Crossroads（计划于 2022 年交付）的开发合同，并为 NNSA 首台每秒百亿亿次级计算平台 ElCapitan（计划于 2023 年开始交付）部署了两台早期访问系统——Hetchy 和 RZNevada，目的是提前为 ElCapitan 准备系统软件和关键应用程序。同时，为匹配当前及未来的先进计算平台，美国一方面继续提升现有代码对新的高性能计算架构的适应性，提高代码运行效率；另一方面积极推动下一代代码的开发、性能演示以及评价工作。最后，在探索新型高性能计算架构和先进计算技术方面，NNSA 已成功将首台先进架构原型系统 Astra（峰值计算性能为每秒 2.3 千万亿次浮点运算）转入涉密计算环境中运行，并在该平台上大规模运行武器代码。

NNSA 也在继续研究量子和神经形态计算算法和硬件，主要进展包括：实现了基于快速反馈控制和集成典型高性能计算资源的第三代量子仿真硬件测试平台；完成了新型英特尔 Loihi 神经形态试验平台的交付和测试等。

## （三）持续加强复合环境下核武器性能的鉴定能力，建设能够缩短武器研发周期的测试能力

针对核武器鉴定中的某些复合环境难以在实验室复制，美国开展了关于投送环境和威胁环境的研究。2021 财年，美国利用桑迪亚国家实验室的超级离心机完成了首次复合环境下全武器系统试验，可模拟加速、振动、旋转三种复合环境。同时，美国继续开展抗辐射加固技术研究，包括开展利用替代实验方法支持 X 射线对非金属材料影响的研究；开展新型抗辐射电子器件（基于氮化镓的器件）的辐射响应和损伤机制研究等。

为填补地面试验和传统飞行试验之间的空白,美国继续开展"快节奏探空火箭飞行试验",以再现部件或子系统经历的多种复合发射环境。2021年,桑迪亚国家实验室与NASA合作开展快节奏探空火箭飞行试验,并首次实现火箭回收。洛斯·阿拉莫斯国家实验室也与私营公司合作开展探空火箭试验,快速开发新技术。此外,美国还在白沙导弹试验靶场开展了戴维斯炮试验,支持能够打击加固深埋目标的武器研究工作,探索新型抗冲击技术。

## (四)继续开发先进的制造技术与生产工艺,提高部件生产的灵活性、有效性、安全性以及效率

增材制造技术能够大大缩短部件制造周期,被列为美国核武器科技发展的优先事项之一。美国尝试利用增材制造技术研制核武器部件,2021财年的代表性进展包括:研发与试验安全裕量优于普通高能炸药、性能优于钝感高能炸药的"增材制造高能炸药";开发新的增材制造热固塑料工艺与设计优化工具;启动聚合物从传统制造向增材制造过渡;完成快速芯棒机加工项目原型,大大缩短墨水直写技术制造垫层与衬垫所需涉密工具的投产前研制周期;提升增材制造金属与晶格结构技术的成熟度;提升采用可控大气等离子喷涂技术的增材制造工艺的成熟度;改进用于现役武库的增材制造零部件的鉴定和认证方法等。另外,美国的直接铸造贫化铀技术已达到技术成熟度5级,100%实现设计要求,并确定工厂验收测试安排。未来W87-1核弹头可能会采用该技术生产的辐射屏蔽壳。

## 五、核军控与核安全

### (一)核军控取得一定程度进展

《禁止核武器条约》正式生效。1月,联合国《禁止核武器条约》正式

生效，目前已有至少 50 个国家批准了该条约。美国等核大国尚未签署该条约。《禁止核武器条约》要求所有批准国在任何情况下都不发展、试验、生产、制造及以其他方式获得、拥有、储存核武器或其他核爆炸装置。它还禁止任何国家转让、使用核武器或核爆炸装置，以及威胁使用此类武器，并要求缔约国向其他国家宣传该条约。

新《削减战略武器条约》延期协议生效。2 月，俄罗斯外交部和美国驻莫斯科大使馆交换了外交照会，完成了新《削减战略武器条约》延期协议生效所需的内部程序，将新《削减战略武器条约》期限延长 5 年的协议于 2 月 3 日生效。新《削减战略武器条约》将在 2026 年 2 月 5 日之前保持其签署时的效力，不做任何修正或补充。

**（二）国际社会面临的核安全挑战依旧严峻**

印度连续发生铀盗窃事件。6 月，印度警方逮捕了 7 名试图盗窃铀材料的人员。5 月，印度马哈拉施特拉邦警方逮捕了 2 名持有 7 千克铀的人。这两起铀盗窃事件发生之际，正值印度努力争取加入核供应国集团（NSG）。美国军备控制协会称，印度在核威胁倡议的 2020 年核安全指数中仍然排名靠后。该指数每年对各国在核材料安全和国内核设施保护方面的努力进行评级。

国际原子能机构启动对日本福岛污水排海的审查和监督。9 月，国际原子能机构近日启动对日本福岛污水排海的安全审查和监督，与日方就未来的日程安排达成一致，将对污水排海行动进行事前、事中和事后的全程评估与监督核查。根据东京电力公司公布的方案，未来将通过地下隧道将污水排放到距离福岛第一核电厂约 1 千米的海底。污水排海将于 2023 年启动，并持续数十年。虽然日本表示污水排海的放射性影响很小，且国际原子能机构将对排海行动进行全程监督，但是由于这一行为将持续数十年，必将给核能利用的社会形象造成不良影响，使核工业的未来发展面临更大的阻力。

（中国核科技信息与经济研究院　张莉　孙晓飞）
（中国工程物理研究院科技信息中心　陈白雪　周纤　傅英　彭晗）

# 2021 年核运载平台技术发展综述

2021 年，世界各国持续推进陆、海、空核运载平台的建设，加速其现代化升级与更新换代。美国"陆基战略威慑"系统顺利通过"综合基线"重要阶段评审，确定其首飞时间，首批 B–21 新型战略轰炸机即将建造完成；俄罗斯陆基核运载平台发展取得显著进展，"亚尔斯"–S 改进型战略导弹完成批量部署，首个"先锋"战略导弹团服役，开始设计研发"雪松"下一代陆基核运载平台；潜基方面，1 艘"北风之神"–A 级新型战略核潜艇服役；英国发布新版战略报告，计划将战略核武器数量增加 40% 以上；法国启动第三代核动力弹道导弹潜艇建造计划，预计共建造 4 艘潜艇，2035 年接收首艘新型战略核潜艇；印度重点改进并提升陆基核力量近、中、远程投送能力；朝鲜发展并检验铁路机动及潜基核运载平台技术；巴基斯坦和伊朗验证新型陆基核运载平台能力。

## 一、美国

2021 年，拜登政府扭转了特朗普在核政策方面的激进态度，采取相对温和的核政策，但"三位一体"核力量依然是美国战略威慑的核心，美国继续对陆、海、空基核运载平台进行更新换代，确保战略优势地位。

### （一）核运载平台规模结构

据美国《原子能科学家公报》统计，2021年，美国空军部署400枚"民兵"－3洲际弹道导弹，共携带400个核弹头；海军拥有14艘俄亥俄级弹道导弹核潜艇，其中12艘处于作战巡逻状态，共装备240枚"三叉戟"－2潜射弹道导弹，携带890个核弹头；空军部署60架战略轰炸机，可携带300个核弹头。陆、海、空基部署的核运载工具的比例大致为57%、34%、9%。

美国全年共开展5次战略弹道导弹飞行试验，试射"民兵"－3导弹2次，"三叉戟"－2导弹3次，全部成功。

### （二）核运载平台/工具的现代化

为保持优势地位，确保未来战略核力量的有效性和可靠性，美国继续对战略弹道导弹、战略轰炸机及战略核潜艇实施全面更新换代，以满足2030年后的核威慑需求。

**1. "陆基战略威慑"系统完成综合基线评审，计划2023年首飞**

2021年，美国"陆基战略威慑"（GBSD）系统开始启动系列评审，并计划于2023年开展首飞。3月，GBSD系统完成了一项综合基线评审，确定了项目推进的关键成本和里程碑日期。目前，GBSD系统多个分系统已成功通过关键设计评审，但这些分系统技术成熟度较低。除了导弹本身，GBSD系统还包含很多配套系统，每个系统也都需要进行关键设计评审。

8月，诺斯罗普·格鲁曼成功完成了GBSD系统一子级固体火箭发动机的第一层绝热层和壳体缠绕工序，实现了该项目的关键制造里程碑。诺斯罗普·格鲁曼公司使用模具芯轴进行绝热层缠绕，以保护发动机壳体免受推进剂燃烧引起的极端温度的影响。之后在绝热层外缠绕复合材料，如碳纤维缠绕在绝热层上，并通过环氧树脂的硬化以形成发动机壳体。诺斯罗普·格鲁曼公司 GBSD 项目副总裁表示"这一制造里程碑进一步验证了一子级固体火箭发动机设计、制造工艺、工装和业务系统的成熟度"。该一子级发动机目前正在进行工装、制造工艺以及压力测试，以确保结构设计的完整性。诺斯罗普·格鲁曼公司已经开始对二子级进行类似的绝热和壳体缠绕处理。

诺斯罗普·格鲁曼公司计划在 2023 年底进行 GBSD 系统的首次飞行试验，在后续研制性飞行试验期间，预计每季度开展一次飞行试验。除对导弹外，还将对新型指挥控制系统、基础设施和网络安全性等进行试验。

**2. "三叉戟"2 导弹改进型 W88 核弹头采用新型引信提升武器打击效果**

2021 年 7 月，美国能源部国家核安全管理局宣布，经过 11 年的努力，美国海军"三叉戟"-2 D5 潜射弹道导弹携带的 W88 核弹头完成首个改进型 W88 Alt 370 的生产。该现代化项目旨在解决现有 W88 弹头老化问题。Alt 370 替换了解保、引信和点火子系统，增加了避雷装置连接器，并更新常规烈性炸药，以加强核安全，并支持未来延寿计划。

该弹头携带的新型引信可在 25238 千米/小时的速度下精确控制起爆时间，提升对核武器、加固发射井、地下指挥所等目标的打击能力，并且对于电子干扰与核爆产生的辐射具有更高的弹性；引信配套的雷达能将降低高度测量误差，预测弹头落点，通过调整起爆高度补偿误差，取得最佳毁伤效果，提升了武器系统的打击效果。

同时，美国海军正在研制新一代战略弹道导弹核潜艇——"哥伦比亚"级核潜艇。首艘潜艇计划于 2031 年开始部署，服役至 21 世纪 80 年代。美国计划未来部署 12 艘"哥伦比亚"级核潜艇，潜艇发射筒数量由 24 个减少至 16 个。

**3. B-21 战略轰炸机进入最终制造阶段，远程防区外巡航导弹进入工程与制造发展阶段**

2021 年美国新一代空基核力量进入制造阶段。

7 月，美国空军发布了最新渲染图和官方介绍。B-21 "空袭者"轰炸机将成为常规远程打击系统的组成部分，该机具备有完整的情报、监视和侦察、电子攻击、通信以及其他物联网能力，可以同时适应有人与无人驾驶，可携带新型核航弹及空射核巡航导弹。B-21 轰炸机的设计采用开放式系统架构，以数位设计和模拟技术降低研发风险，使 B-21 轰炸机能够随着威胁环境的变化，不断进行升级与改进，并延长服役寿命。

9 月，美国空军部长表示目前有 5 架 B-21 轰炸机处于最终制造阶段，此前外界认为只有 2 架 B-21 试验机处于制造阶段。首批 B-21 轰炸机计划在南达科他州埃尔斯沃思空军基地服役。据美国国会研究中心 2021 年 7 月发布的报告，美国空军希望采购至少 100 架 B-21 轰炸机，计划于 2022 年进行首飞，并在 2025 年前后投入使用。

远程防区外空射巡航导弹（LRSO）作为美国"三位一体"战略核力量的重要一员，2021 年 7 月，美国国防部宣布授予雷声公司价值 20 亿美元的合同，标志着美国空军正式启动 LRSO 项目的工程与制造发展阶段工作，该阶段工作预计将于 2027 年 2 月完成。

## 二、俄罗斯

俄罗斯陆海基弹道导弹系统、海基和空基核运载平台处于加速更新换代阶段。俄罗斯总统普京称，2021 年底，现代化武器装备占俄罗斯"三位一体"核力量的 88.3%。

**(一) 核运载平台规模结构**

据美国《原子能科学家公报》最新数据统计，2021 年俄罗斯战略火箭兵拥有"白杨"、"白杨"-M、"亚尔斯"、"撒旦"和"先锋"共 5 种型号约 310 枚陆基战略弹道导弹，可携带 1189 个核弹头，为符合新版《削减战略武器条约》对核弹头部署总量的要求，实际部署 800 余个；海军拥有 11 艘战略导弹核潜艇，装备"舡鱼""蓝天""布拉瓦"共 3 种型号约 160 枚潜射战略弹道导弹，可携带 816 个核弹头，实际部署 624 个；空军拥有重型轰炸机 68 架，可携带 580 个核弹头，实际部署约 200 个。俄罗斯陆、海、空基核运载平台比例分别为 58%、30% 和 12%。

2021 年，俄罗斯共开展 2 次弹道导弹飞行试验，发射"布拉瓦"导弹 1 次，"伊斯坎德尔"-E 导弹 1 次，全部成功。

**(二) 核运载平台/工具的现代化**

**1. 新型陆基核运载平台部署规模提升，开展研发下一代陆基核运载平台**

1 月，俄罗斯国防部称，战略火箭部队于 2020 年 12 月接收 9 枚"亚尔斯"-S 新型机动发射战略导弹。该导弹是"亚尔斯"导弹的改进型，既可机动发射也可从地下井发射，用于替换"白杨"-M 导弹。目前"亚尔斯"-S 导弹的大部分信息保密。据俄媒透露，该导弹射程可能在亚尔斯 12000 千米的基础上有所增加，弹长（不含头部）约 17.8 米，弹径 1.86 米，起飞质量约 46 吨，有效载荷约 1.25 吨。命中精度超过美国"民兵"-3 导弹，约在 300 米内，能够携带多个机动式弹头，并可连续作战值班达 40 个昼夜。俄方称，当前在俄美两国不断进行军备竞赛的背景下，俄罗斯战略导弹部队换装"亚尔斯"-S 新型导弹系统后，国内战略核力量稳定性至少提高20%，将保障俄军的战略力量优势。

12月底，俄军首个"先锋"战略导弹团以6枚导弹的满编状态在奥伦堡地区的栋巴罗夫斯克兵团进入战斗值班。从2019年开始近3年，俄罗斯战略火箭兵每年装备2枚"先锋"导弹，达到当前状态。"先锋"战略导弹系统由作为运载工具的SS-19导弹和"先锋"滑翔弹头组成。"先锋"滑翔弹头在大气层内飞行速度超过马赫数20，接近目标时可实现侧向和高度上达几千千米的长程机动，能够突破美国导弹防御系统，大幅增强俄军战略导弹的生存与突防能力。未来，俄军计划第2个"先锋"战略导弹团于2023年进入战斗值班，预计也装备6枚导弹。作为俄罗斯最先进的战略杀手锏武器，"先锋"导弹将对美国导弹防御系统构成较大压力。

3月，俄罗斯国防工业系统已启动"雪松"（Kedr）下一代陆基战略导弹系统的研发，并将其列入到俄"2027年前武器装备计划"。当前，"雪松"导弹处于深度论证阶段，技术性能保密。据俄军事专家预测，该导弹射程15000~18000千米，头部采用模块化设计及多弹头技术、高超声速滑翔弹头技术，大气层内外反拦截技术；动力系统将采用新型固体燃料；部署方面将采用机动发射技术；还将引入人工智能等新技术。"雪松"导弹将在2023—2024年进入工程研制阶段，预计2030年服役，将取代现役的"亚尔斯"洲际导弹等现有大多数核装备。"雪松"导弹作为一种前瞻性战略武器，反映俄未来战略导弹技术发展趋势，将显著提升俄军战略核威慑力。

**2. 潜基新型核运载平台部署规模扩展，成功测试新型特种用途核动力潜艇**

截至2021年底，俄罗斯海军"北风之神"级战略核潜艇的部署数量达5艘，"布拉瓦"潜射战略导弹在役规模达80枚。10月，"奥列格大公"号

"北风之神"–A级潜艇从白海海域水下向堪察加半岛的库拉靶场成功发射1枚"布拉瓦"导弹。该艇是"北风之神"–A级核潜艇现代化项目下的第2艘，测试成功后，12月底进入舰队服役。

7月，俄罗斯特种用途核动力潜艇"贝尔哥罗德"号完成首次海试。该艇是当前世界上最大的核潜艇，下潜深度500～1000米，现有深海探测技术无法对其探测识别。该艇不仅可执行侦察和特种任务，还能够发射战略导弹对北美地区实施打击。俄国防部称，其武器系统的测试也接近完成。西方认为，"贝尔哥罗德"号可携带6枚"波塞冬"核动力水下无人潜航器，对北约国家构成较大威胁。

3月，俄罗斯在北极举行代号为"白熊–2021"的军事演习，3艘弹道导弹核潜艇首次同时突破厚度1.5米的冰层浮上水面，演练了战略核潜艇冰下作战准备能力。俄罗斯海军称，3艘核潜艇同时破冰浮出水面史无前例。

**3. 图–160M战略轰炸机完成组装即将飞行试验，下一代隐身战略轰炸机处于模型制造阶段。**

11月，第1架升级后的图–160M战略轰炸机组装完成，并在喀山航空工厂开展地面测试，预计2022年初进行飞行试验，成功后将进入空军服役。图–160M轰炸机是当今最大的超声速战略轰炸机，飞行速度达马赫数2，航程约1.35万千米，配备了新的导航设备、有增强抗噪能力的可靠通信系统、控制系统、雷达系统及电子对抗系统，机身内部的两个多姿态旋转发射器上可携带多达12枚战略巡航导弹，能携带Kh–55SM和Kh–101巡航导弹，以及"匕首"高超声速导弹，助力俄罗斯建立更强大的空中战略威慑。

3月，在"未来远程航空系统"（PAK DA）项目框架下，俄罗斯采用复合材料和木制材料制造出下一代战略轰炸机多个全尺寸模型，正在模型基础上设计乘员的安置和设备的布局。预计PAK DA样机在2023年完成组装，首架原型机将在2025—2026年初开展飞行试验。PAK DA隐身轰炸机依据"飞行翼"方案设计，外形类似于美国B-2轰炸机，亚声速飞行，广泛采用隐身技术与隐身材料。机组成员4人、有效载荷为30吨的情况下，飞行距离可达12000千米，能搭载多种武器，包括携带核弹头的巡航导弹、高超声速导弹、空空导弹、炸弹等，所有武器将安置在飞机内部，主要用于深入敌后打击，有效摧毁敌方纵深内的战略武器和主要指挥所等重要目标。2025年后，PAK DA将替代图-95MC轰炸机，作为空中新型非核战略威慑手段。

## 三、英国与法国

### （一）英国保持单一的海基核运载平台，计划提升核弹头规模

英国核武器为单一的海基力量。英国的核威慑称为"三叉戟"系统，主要包括三个部分：4艘保障持续海上威慑（CASD）的"前卫"级弹道导弹核潜艇、"三叉戟"-2D5潜射弹道导弹和核弹头。根据2015年英国《战略防务与安全评估》报告，目前每艘核潜艇仅携带8枚"三叉戟"-2导弹和最多40枚核弹头。英国目前约拥有225个弹头，其中实际可部署约为120个。

3月16日，英国政府发布《竞争时代的全球化英国——安全、国防、发展和外交政策综合评估》报告，表示英国将大幅增加核弹头储备，以应对日益恶化的安全环境。英国计划将战略核武器的数量增加40%以上，此举将使英国的核弹头数量上限增加到260枚。而此前，英国一直表示到21世纪20年代中期要将核弹头数量从225枚减少到180枚。英国政府表示，提高弹头数量的决定是合理的，因为英国正面临不断发展的威胁。"一些国家现在正在显著增加其核武库并使其多样化。他们正在投资新型核技术，

开发新的'作战'核系统，并将其融入自己的军事战略、理论和政治修辞中，以寻求胁迫他国，"报告表示，"全球竞争的加剧，对国际秩序的挑战，以及潜在破坏性技术的扩散，都对战略稳定构成威胁。"

### （二）法国保持海空基核运载平台能力，启动第三代核潜艇研制计划

目前法国拥有4艘"凯旋"级弹道导弹核潜艇和50架战略轰炸机。据斯德哥尔摩公报2021年统计，法国"凯旋"级核潜艇共部署48枚M51潜射弹道导弹（其中32枚M51.1和16枚M51.2），携带240个核弹头；战略轰炸机共部署50枚ASMP-A空射巡航导弹。近年来法国核武库规模一直保持稳定，坚持核力量的现代化改进工作。部署的海基和空基运载工具比例约为1:1。

法国所有潜射弹道导弹核潜艇已装备M51.1和M51.2导弹。M51.2为M51.1的改进型，携带新型TNO弹头，该弹头具有更高的隐身性能和更强的突防能力，弹头威力约100千吨TNT当量。目前法国正在研制升级型的M51.3导弹，计划于2025年开始部署并取代M51.2导弹。

2月23日，法国海军启动第三代核动力弹道导弹潜艇建造计划，代号SNL3 3G，该计划最终将交付4艘潜艇。法国海军预计将在2035年接收第1艘潜艇，其他3艘将按照每5年1艘的计划依次交付。这4艘战略核潜艇将逐步取代目前服役的"凯旋"级潜艇，预计将服役至2090年，潜艇将装备M51导弹的未来型号M51.4。

## 四、其他国家

### （一）印度重点验证近、中、远程新型导弹技术

据美国《导弹预测》数据，目前，印度部署"大地"1、"大地"2弹

道导弹分别为 220 枚和 160 枚，"烈火"－1、"烈火"－2 导弹分别为 165 枚和 160 枚。2021 年，印度共进行 3 次弹道导弹飞行试验，"烈火"－P 新型中程弹道导弹 1 次，"烈火"－5 远程弹道导弹 1 次，"毁灭"新一代近程弹道导弹 1 次，全部取得成功。

2021 年，印度重点发展陆基核运载平台，并进行多次试验验证技术能力。6 月，印度国防研究与发展组织（DRDO）在奥里萨邦巴拉索尔海岸附近的阿卜杜勒·卡拉姆岛，成功试射 1 枚可携带核弹头的"烈火"－P 导弹。该导弹按预定弹道飞行，精准完成所有任务，发射趋于完美。"烈火"－P 导弹是印度发展的最新一款采用两级固体发动机的中程导弹，发射质量为"烈火"－3 导弹的一半，射程 1000～2000 千米。

12 月，DRDO 在奥里萨邦巴拉索尔海岸附近的阿卜杜勒·卡拉姆岛，成功进行了自行研制的"毁灭"地地弹道导弹的首次发射。试射中，该导弹沿预定轨道轨迹飞行，以较高精度击中预定目标，验证了导弹的控制、制导等技术，实现了全部试验目标，所有子系统运行符合预期。"毁灭"导弹采用固体火箭发动机和多项新技术，射程 150～500 千米，可从移动式发射装置发射。

10 月，印度在东部奥里萨邦海岸的阿卜杜尔·卡拉姆岛成功发射 1 枚"烈火"－5 远程弹道导弹。该导弹以马赫数 24 的速度飞行 5000 千米，在 15～18 分钟内击中预定目标，最终落入孟加拉湾海域。这是"烈火"－5 首次夜间测试，也是战略导弹部队引入这款导弹后的首次用户发射，验证全天候打击能力，意味着"烈火"－5 导弹已走向实战化。

**（二）朝鲜发射多款中远程陆基导弹，积极试验铁路机动及潜基新型运载平台技术可靠性**

据《导弹预测》数据，目前朝鲜部署约 1200 枚弹道导弹，包括："飞毛腿"系列导弹 500~600 枚，"劳动" 1、2 型导弹约 410 枚，KN-02 近程导弹 88 枚，"大浦洞" 1、2 型导弹约 20 枚。

2021 年，朝鲜共进行约 5 次弹道导弹飞行试验，包括"飞毛腿" C 导弹或由"飞毛腿" D 导弹改进的"飞毛腿" - ER 导弹，KN-23 铁路机动导弹等。朝鲜表示，将扩大武器发展计划和军事能力，压制反朝军事活动，保障国家安全。

9 月，朝鲜铁路机动导弹团在中部山区向东部海域成功发射 2 枚 KN-23 铁路机动发射导弹。该弹飞行高度 50~60 千米，成功击中 800 千米外预定目标。俄专家分析，KN-23 导弹可从不同发射角度沿优化弹道飞行，最大射程达 1000 千米。

10 月，朝鲜国防科学院进行新型潜射弹道导弹试射。该导弹采用侧向机动及滑翔跳跃机动等多项新技术，体现出朝鲜国防新技术进展，有望提升朝鲜海军水下作战能力。

**（三）巴基斯坦和伊朗试验新型导弹运载平台**

2021 年巴基斯坦和伊朗分别对陆基运载平台进行试验。2 月，巴基斯坦陆军成功试射"加兹纳维"地地弹道导弹。该型导弹射程 290 千米，可携带核弹头和常规弹头。

12 月 24 日至 30 日，伊朗在波斯湾附近进行了为期 5 天的"伟大先知 - 17"演习。24 日，伊朗伊斯兰革命卫队发射 16 枚弹道导弹，摧毁演习中假想的以色列核设施。演习中，伊朗试射了"泽尔扎尔""佐尔法加尔""迪兹富勒"等多型近中远程弹道导弹，射程 350~2000 千米，显示了伊朗较强的军事实力和捍卫国家安全和利益的决心。

## 五、趋势分析

2021年，世界有核国家按计划推动核运载平台升级换代。核运载平台发展领域呈现以陆基平台为发展重点，多类型平台并行发展的趋势，下一代核运载平台技术走向初露端倪。

**（一）各国均重视发展陆基核运载平台并取得阶段性成果**

美国新型陆基战略导弹系统通过综合基线评审，已确定项目推进的关键成本和里程碑日期，多个分系统成功通过关键设计评审，预计2023年开展首飞。俄罗斯"亚尔斯"－S新型导弹、"先锋"新型战略导弹完成批量部署，提升陆基核运载平台规模与性能；首次提出下一代"雪松"战略导弹发展计划。印度通过飞行试验验证了近、中远程核运载平台的技术性能与可靠性。巴基斯坦、伊朗两国分别进行陆基近、中程导弹试射，取得成功，验证其技战术性能及可靠性。

**（二）美俄等国持续研发陆、海、空基新型核运载平台，侧重提升核武器生存能力**

美俄两国继续推进海、空基核运载平台的研制与部署。美国首批B－21战略轰炸机即将完成制造并投入飞行试验。俄罗斯第5艘"北风之神"新型战略核潜艇服役，扩展了海基核运载平台规模。俄罗斯特种用途核动力潜艇"贝尔哥罗德"号完成首次海试，作为当前世界上最大的核潜艇，未来可能携带6枚"波塞冬"核动力水下无人潜航器。朝鲜试验发射KN－23中程铁路机动导弹以及新型潜射弹道导弹，检验采用侧向机动及滑翔跳跃机动等多项新技术，试图提升铁路机动和潜基平台核投送能力。

## （三）下一代核运载平台较多采用固体发动机技术，呈现模块化、智能化发展趋势

俄罗斯2021年启动"雪松"下一代战略导弹，明确采用新型固体发动机技术，未来将替代"亚尔斯"战略导弹，美国在研的"陆基战略威慑系统"在方案初期已确定持续采用固体发动机技术。该技术的运用，得益于近年来固体火箭发动机技术取得的重要进展，特别是在新型推进剂组分、燃烧稳定性技术、老化延寿监测技术、喷管和壳体材料技术等关键技术上取得了支撑性研究成果，为固体发动机技术的运用提供了重要技术支持。

当前，模块化、智能化设计已成为美、俄新一代战略导弹技术发展趋势。俄罗斯军方和专家近年一直研究新导弹的模块化能力，可能将在导弹头部引入模块化设计方案，如"雪松"导弹未来可能采用多种模块化弹头，可根据作战需求更换。美国陆基战略导弹将采用模块化设计和工业标准接口，可在整个生命周期简化升级过程。如果一个模块变得过时，可以通过标准接口更换新的模块。在智能化方面，俄罗斯"雪松"导弹项目，可能将人工智能技术应用于指控与通信系统，加快决策程序。

（北京航天长征科技信息研究所　夏薇　刘畅　张莹）

# 2021年高超声速技术发展综述

2021年以来,世界各国继续稳步推进高超声速滑翔/巡航技术、可重复使用空天飞行器等高超声速技术的发展。美军各军种高超声速滑翔飞行器共开展3次飞行试验,均告失败,高超声速巡航导弹验证样机首飞成功,并通过多个项目启动高超声速巡航导弹的工程研制。俄罗斯"先锋"导弹进入战斗值班状态,"锆石"高超声速巡航导弹首次开展核潜艇发射试验并转入国家试验阶段验。朝鲜成功试射新型高超声速导弹,韩国展示高超声速飞行器模型。

## 一、美国

瞄准在2025年前实现多款装备部署的目标,美国全面推动海、陆、空基高超声速导弹及相关技术验证项目的发展。美国国防部为2022财年高超声速科研项目申请38亿美元经费,以加速推进各型高超声速导弹武器的研发部署。

### (一)空射高超声速滑翔导弹AGM-183A飞行试验接连两次受挫

美国空军分别在4月和7月三次开展AGM-183A"空射快速响应武

器"（ARRW）的助推飞行试验。首次飞行试验中，ARRW 未能从 B-52 轰炸机上成功发射。第二次飞行试验中，在导弹与携带导弹的 B-52 轰炸机分离后，火箭助推器未能点火，但空军表示，它仍然获得了宝贵的试验数据。美国空军正在评估此次失败的根本原因，只要能够解决这个问题，并在 2021 年底前重新进行飞行试验，ARRW 仍然能在 2022 财年投入生产。

在开展飞行试验的同时，美国空军积极推动 AGM-183A 导弹的地面和虚拟试验。美国空军第 780 试验中队在佛罗里达州埃格林空军基地圆形屏障阵列的地面上，首次成功引爆 AGM-183A "空射快速响应武器"高超声速导弹的高爆破片战斗部。在"北方利刃 2021"演习期间，美军利用一架 B-52 轰炸机成功模拟从地面传感器到机载发射器的全链路高超声速武器杀伤链，对约 1100 千米外目标进行了模拟打击。

**（二）美国海军和陆军推进通用高超声速滑翔导弹的试验和部署**

基于通用高超声速滑翔体（C-HGB），美国海军和陆军联合推进"中程常规快速打击武器"（IRCPS）和"远程高超声速武器"（LRHW）的相关试验和部署准备工作。

试验方面，美军在位于阿拉斯加科迪亚克的发射场进行了一次高超声速滑翔飞行试验，此次试验是美国陆军和海军通用高超声速导弹计划的一部分。试验中，用于将导弹加速至高超声速的火箭助推器发生故障，导致高超声速滑翔体的试验无法进行。美国国防部称，此次失败与高超声速飞行器技术无关，只是助推器的问题。《航空周刊》的报道称，这次试验是首次对包含助推器和滑翔飞行器的陆、海军通用型整弹原型进行试验，陆、海两军此前都使用其他助推器对飞行器本身进行了试验。此外，针对美国海军和陆军高超声速滑翔武器通用的新型导弹助推器，开展的一、二子级发动机静态点火试验全部获得成功。

部署计划方面，美国海军寻求在 DDG－1000"朱姆沃尔特"级驱逐舰上集成远程高超声速打击武器的方案，海军常规快速打击武器将于 2025 年率先部署在"朱姆沃尔特"级驱逐舰上，2028 年部署至"弗吉尼亚"级攻击型核潜艇。美国陆军完成"远程高超声速武器"（LRHW）（又名"暗鹰"）导弹连首批配套设备的交付，用于导弹部队的先期操作训练。此外，"暗鹰"远程高超声速导弹未来有望在美国陆军刚刚重启的位于德国的第 56 炮兵司令部基地部署。

### （三）吸气式高超声速武器概念 HAWC 首飞成功

9 月，美国国防高级研究计划局（DARPA）成功进行高超声速巡航导弹验证项目"高超声速吸气式武器概念"（HAWC）的首次样机自由飞行试验。这也是美军自 2013 年以来对吸气式高超声速武器的首次成功试验。此次试验的导弹样机由雷声技术公司制造，其中超燃冲压发动机由诺斯罗普·格鲁曼公司研制。

试验中，HAWC 由一架未透露型号的飞机携带释放，实现了高超声速巡航飞行。该试验完成了所有的主要任务目标，包括：验证飞行器集成和释放程序，与载机的安全分离，助推器点火和助推飞行，助推器分离和超燃冲压发动机点火，以及巡航飞行。DARPA 发言人称，该机构正在准备下一架飞行器，并希望在今年晚些时候再次进行飞行试验。

### （四）美军启动多项高超声速巡航导弹技术转化项目的研制

美国空军在 2022 财年正式启动高超声速攻击巡航导弹（HACM）项目的研制，该项目将在 DARPA 吸气式高超声速武器方案（HAWC）技术成果转化的基础上，开展样机试验以支撑以后续的武器采购和生产决策。HACM 是一种超燃冲压发动机驱动的高超声速巡航导弹，既适用于轰炸机，也适用于战斗机。为推动高超声速巡航导弹技术的进一步成熟，美国联合澳大利亚启动 SCIFiRE 项目，开发和演示空射的吸气式高超声速武器原型，作为 HAWC 项目和 HACM 项目过渡的桥梁。此外，美国空军研究实验室发布"一次性吸气式高超声速多任务飞行器"（Mayhem）的项目信息征询，推进可携带较大有效载荷的吸气式高超声速飞行器的研究。

美国海军也通过高超声速推进器项目研究可在航母舰载机上装备的 HAWC 改进型。美国海军提出开发一种名为"啸箭"的吸气式高超声速反舰导弹，这种导弹可以由 F/A–18E/F"超级大黄蜂"舰载机携带发射，用于进攻性反水面战，其基本目标包括但不限于水面战斗舰艇和主力舰。这种导弹将适配于航空母舰现有的弹药储存和武器处理设备。美国海军希望 F/A–18E/F 舰载机可以同时携带多达 4 枚该导弹。

（五）美军推进高超声速导弹试验和生产设施建设

位于马里兰州白橡树地区的美国空军阿诺德工程研制中心（AEDC）已经完成 9 号超高速风洞性能升级工作，开始进行马赫数 18 的高超声速飞行器试验活动。在此之前，9 号超高速风洞只能产生最大速度为马赫数 14 的气流。

美国空军大福克斯基地计划移交刚退役的 4 架 EQ–4B 第 20 批次（Block 20）"全球鹰"无人机。诺斯罗普·格鲁曼公司将负责对这批无人机进行改装，随后将交付美国空军用于高超声速武器试验任务。

洛克希德·马丁公司在阿拉巴马州启动一家新的"智能工厂"，那里将生产美国空军的 AGM–183A"空射高超声速武器"（ARRW），以及美国陆军和海军的两种高超声速武器系统。这座"智能工厂"位于阿拉巴马州考特兰，被称为"4 号导弹装配大楼"（MAB 4），其建筑面积约 6038 米$^2$。

（六）商业公司开展可重复使用高超声速飞行器技术研发

波音公司与澳大利亚 Hypersonix 发射系统公司合作，进行"Delta–

Velos"新型可持续高超声速太空运载飞行器的设计研究。Hypersonix 公司的计划是使用其在昆士兰大学研发的氢燃料高超声速超燃冲压发动机技术，再加上可重复使用运载火箭及小型上面级火箭。该飞行器将是一种可重复使用的氢动力高超声速运载飞行器，可加速至马赫数 12，并能够在正常的跑道上降落。

美国赫梅斯公司获美国空军 6000 万美元资金用于建造高超声速飞机，其任务目标包括建造 3 架"夸特马"飞机原型机、测试全尺寸可重复使用的高超声速推进系统，并向空军提供可用于未来兵棋推演的数据。赫梅斯公司希望开发出世界上第一架可重复使用的高超声速飞机，其能够在 90 分钟内从纽约飞至巴黎。

## 二、俄罗斯

"锆石"高超声速导弹成功完成多次核潜艇及水面舰发射试验，首个配备"先锋"高超声速导弹的导弹团将于 2021 年年底前进入战斗值班。

### （一）"锆石"高超声速导弹首次完成潜艇试射并进入国家试验阶段

锆石高超声速巡航导弹频繁开展试射，共完成 3 次水面舰发射，1 次潜艇发射。

5 月，有报道称，"锆石"高超声速导弹曾经由俄军舰从地中海水域发射，成功击中叙利亚圣战者地区目标，这是世界上首次作战使用高超声速武器。7 月，俄罗斯在白海从"戈尔什科夫上将"号护卫舰上成功试射了一枚"锆石"高超声速导弹。根据目标控制数据，导弹飞行 350 千米后直接击中了地面目标，导弹的战术和技术特性在测试中得到证实。该导弹的飞行速度大约马赫数 7。11 月，俄罗斯北方舰队在白海从"戈尔什科夫海军上将"号护卫舰上成功试射了一枚"锆石"高超声速导弹，导弹飞行400千米后击中海上目标。

10月，俄罗斯海军的核动力潜艇"北德文斯克号"首次从水面和水下试射了"锆石"高超声速导弹，射击目标是位于巴伦支海域的假想敌海上目标。

该导弹的国家试验从2021年11月开始，共计划对海上和沿海目标开展5次试射。俄罗斯总统普京表示，"锆石"导弹将从2022年开始列装俄罗斯海军。俄罗斯军工公司机械制造研究与工业协会已开始为俄海军批量生产"锆石"高超声速导弹。此外，潜射型"锆石"高超声速导弹预计于2024年在"亚森"－M级攻击核潜艇上进行国家试验，并于2025年在海军服役。

## （二）俄罗斯继续推进"匕首"和"先锋"高超声速导弹的部署

6月，俄罗斯把在西部地区部署"匕首"高超声速导弹（代号Kh－47M2）列为优先事项，具体部署地点是与波兰接壤的加里宁格勒州，部署时间尚未公开，要根据新"匕首"导弹的生产速度决定。年初，俄罗斯武装部队代表透露，计划在西伯利亚的克拉斯诺亚尔斯克边疆区部署"匕首"导弹；武装部队总参谋部还通报了在北极使用"匕首"导弹进行军事演习的情况，这些导弹未来将由北方舰队使用。此前，仅俄南部军区装备了"匕首"导弹。

8月，俄罗斯第13导弹师师长切列夫科少将向国防部长绍伊古汇报时称，首个配备"先锋"高超声速导弹的导弹团将于2021年底前进入战斗值班。第13导弹师将继续换装新型战略导弹系统，第二个配备"先锋"高超声速导弹的导弹团将于2023年进入战斗值班。

### (三) 俄罗斯积极研发新型机载高超声速巡航导弹

2月,俄罗斯的苏-57隐身战斗机在内部武器舱中搭载新型高超声速导弹模型进行试飞。俄方已经多次使用苏-57战斗机搭载该高超声速导弹模型进行飞行试验。该模型被描述为"功能性"全尺寸实体模型,没有发动机、火箭燃料和弹头,但在尺寸、形状和重量上则完全和实弹一致。同时,试验中,在导弹模型的功能模拟装置上安装了导引头和电路,用以检验弹载电子设备与机载设备的接口。

7月,俄罗斯《消息报》透露,俄军正在研制"锐利"小型高超声速导弹,将在2022年开始试验。俄军事专家指出,"锐利"导弹的尺寸和重量将大大小于现有高超声速导弹,可装备图-22M3和苏-34战机,将进一步完善俄罗斯高超声速打击体系。

此外,俄《军事思想》杂志在7月刊文称,俄罗斯空天军正在研制Kh-95新型远程高超声速导弹。据报道,Kh-95有可能是在"锆石"导弹技术的基础上开发的,"它将使用'锆石'的高超声速弹头,这种弹头确保产品在大气中以高超声速长时间受控飞行。"俄专家表示,Kh-95将由图-22M3或图-160M等改进型超声速战略轰炸机使用,两者结合打击距离可能超过1万千米。

## 三、其他国家

### (一) 朝鲜成功试射新型高超声速导弹并对外展示

9月,朝鲜军方在慈江道龙林郡都阳里成功试射新研制的"火星"-8高超声速导弹。朝鲜国防科学家确认,本次新型高超声速的首次飞行试验确认了该导弹在主动段的飞行控制性能和稳定性、导弹战斗部的制导机动性和滑翔飞行特点等技术指标，并确认了发动机及首次采用的安瓿化导弹燃料系统的稳定性。试射结果证明，所有技术指标均已达到设计目标。

据韩国军队观测，朝鲜此次发射物体的飞行距离不到 200 千米，飞行高度为 30 千米左右，与超大型多管火箭炮相似。不过，这一发射体的具体参数和飞行特点与朝鲜此前发射的飞行器不同。

随后在 10 月 11 日的朝鲜国防发展展览会"自卫·2021"上，朝鲜首次近距离展示了此前试射的"火星"–8 高超声速导弹，该导弹采用了类乘波体高超声速滑翔弹头。

**（二）韩国公布高超声速巡航导弹原型概念**

12 月，韩国国防发展局（ADD）和地方主要防务机构韩华集团，在韩国国防采办项目管理局 2021 年核心技术会议上，首次推出了 Hycore 陆基高超声速巡航导弹原型概念。Hycore 高超声速巡航导弹长 8.7 米、重 2.4 吨，将从改进型 Hyunmu–2C 上发射，Hyunmu–2C 是一种用于近程弹道导弹的公路机动式垂直发射系统。

Hycore 项目于 2019 年启动，周期 5 年，共获 2360 万美元（279 亿韩元）资金资助，将于 2022 年利用两枚 Hycore 试验导弹开展实弹试验。Hycore 高超声速巡航导弹配备两级火箭助推器、双模态超燃冲压发动机、任务计算机、惯性导航系统以及遥测设备。

**（三）日本三菱重工与日本自卫队签订高超声速导弹开发合同**

2 月，日本三菱重工与日本自卫队技术和后勤局（ALTA）签订合同，为日本自卫队开发高超声速导弹。三菱重工位于长崎的研究与创新中心运营着一个超声速风洞，该风洞能够模拟超过马赫数 5 的速度。据 ALTA 发言人表示，三菱重工目前正在和 ALTA 的航空系统研究中心（ASRC）合作开发高超声速巡航弹的超燃冲压发动机，该项目始于 2019 财年。而 ALTA 的联合系统开发部（JSDD）则与三菱重工合作，负责开发高超声速滑翔弹（HVGP），相关技术研究于 2018 财年开始。

**（四）挪威公司开发用于高超声速导弹的新型固体冲压发动机**

挪威纳莫公司（Nammo）正在与美国海军空战中心武器分部（NAWC-WD）和挪威国防研究机构（FFI）合作，计划于 2022 年初在挪威安岛测试中心开展新型固体燃料冲压发动机（SFRJ）的首次实弹远程试飞，同时试飞的还有美国海军的"增程型战术高速进攻性冲压发动机"（THOR – ER）导弹推进技术演示器。"增程型战术高速进攻性冲压发动机"项目于 2019 年启动，是美国和挪威政府之间的一项双边倡议，旨在为全尺寸超声速/高超声速导弹原型机开发出造价低、速度快、航程远的固体燃料冲压发动机。

## 四、启示与展望

**（一）美国大力推进高超声速滑翔技术的装备转化，着眼吸气式高超声速武器技术路线的拓展**

美国近年来采取加速采办的发展策略，频繁开展高超声速试验，持续推进各种预研项目向武器采购项目的转化，加快高超声速武器能力的实战化。2021 年，高超声速滑翔飞行器三次试验均告失败，AGM – 183A 等高超声速滑翔武器装备的预期部署时间受到冲击。此外，在 HAWC 高超声速巡航导弹样机首飞成功的同时，美军启动 HACM、SCIFiRE 和"啸箭"等吸气式高超声速武器项目的研究，拓展高超声速巡航导弹发展路线，推动吸气式高超声速技术的转化。

## （二）俄罗斯"一弹多型"发展高超声速巡航导弹，进一步扩大高超声速武器"领先部署"优势

俄罗斯"锆石"高超声速导弹瞄准多种平台应用，有望衍生多型装备。舰射型"锆石"高超声速导弹开展多次水面试验，顺利进入国家试验阶段，为实现近期部署奠定基础。同时，俄首次开展潜射发射试验，并制定潜射型"锆石"的试验和部署计划。此外，"锆石"导弹相关技术可能在空基平台应用，支撑 Kh-95 等新型导弹的发展。在"匕首""先锋"导弹已经部署并进入战斗值班的同时，俄罗斯加快"锆石"导弹的研制进程，有望在 2022 年实现第 3 种高超声速导弹的部署，进一步扩大高超声速装备的领先优势。

## （三）朝韩加入高超声速武器研制行列，高超声速技术成为半岛地区军备竞赛的新领域

朝鲜宣布新型高超声速飞行试验以及展出高超声速武器模型，意在对外显示其高超声速武器能力，以对周边敌对国家形成威慑。而相隔不久，韩国也首次公布其高超声速导弹研制计划。虽然从目前透露的信息难以判断两者目前的技术水平，但朝韩双方的一系列行为标志着他们正式进入高超声速武器的研制国家行列，并将以新型高超声速武器提升其军事实力的手段。此外，日本也在通过三菱公司推进其两型高超声速导弹的研制。未来，高超声速武器将可能成为朝鲜半岛周边地区国家对抗博弈的重要砝码。

（北京航天长征科技信息研究所　韩洪涛　商翔伦）

# 重要专题分析

# 拜登政府核政策走向预判

拜登政府执政以来，极力渲染我国核力量"快速增长"，提出对我国"一体化威慑战略"，加快美核力量现代化步伐，推进 F-35A 隐身战斗机核常一体作战运用，谋求通过核军控对我国进行遏阻规制，其核力量威慑、发展、运用和核军控相关政策已初露雏形，有关可能动向值得关注。2021年8月，美国国防部发言人称，美国已启动新版《核态势审议报告》起草工作，预计2022年初公布，将全面阐述拜登政府核政策。总的来看，拜登政府核政策的总基调将介于特朗普"激进"核政策和奥巴马"温和"核政策之间，走中间路线。拜登政府虽声称降低核武器在国家安全中的作用，但其继续维持并扩大核力量优势的本质没有变，通过核武器维持全球霸权地位的本质没有变。

## 一、可能将中国升级为势均力敌的核力量竞争对手

2021年4月，美国战略司令部司令理查德在参议院听证会上称，"中国核力量发展极为迅速，甚至到了关于中国核武器信息超过一个月不更新就

会过时的地步。美国将首次面对俄罗斯和中国两个势均力敌的核对手。中国核武器戒备状态正在从低戒备状态向高戒备状态转变，并将具备预警发射能力。"8月，美国战略司令部副司令西埃尔宣称，"中国很快将超越俄罗斯，成为美国头号核威胁。"其判断依据不仅取决于中国核武器数量，也取决于中国核武器实战部署情况。美国国务卿布林肯也曾多次对中国"不断扩充的核武库"表达关切，甚至美国智库也根据商业卫星图像妄评"中国正在建造数百个新核导弹发射井"。

美国将核威胁的关注重点从俄罗斯转向中国，主要有以下几方面原因。一是美国已将我国视为"最大战略威胁"，谋求全方位加强对我国围堵和遏制，而我国核力量发展更是美国关注重点。二是认为美俄之间有军控条约约束，美国可通过核查和对话机制掌握俄罗斯核武器发展动向；而美中之间没有任何核军控条约和对话机制，美国认为中国核力量不透明、不可控，因此对中国核力量发展保持高度警觉。三是美国未来10年全面更新核力量经费预计将超过6340亿美元，美国国内一直对投入巨资发展核力量存在反对声音。美国通过夸大中国核威胁，将为核力量发展争取经费。

## 二、谋求通过"一体化威慑"强化对我国威慑与遏制

2021年5月，美国国防部长奥斯汀在出席印太司令部司令交接仪式上，提出"一体化威慑"战略构想。该战略谋求通过颠覆性技术发展、作战概念创新、与盟友作战能力融合，实现对中国的威慑和遏制。小布什政府时期曾提出构建包括核与非核打击、主动与被动防御、灵活反应的基础设施在内的"新三位一体"威慑体系。与之相比，拜登政府"一体化威慑"战略主要有以下特点：一是更加强调对我国威慑。"新三位一体"主要针对俄

罗斯,而"一体化威慑"主要针对我国实施威慑和遏制。二是更加强调综合威慑。"新三位一体"主要强调通过军事手段实施威慑,"一体化威慑"更加强调通过军事、科技、外交等多种手段综合运用,实现威慑。三是更加强调科技威慑。"一体化威慑"强调通过推动人工智能、量子等颠覆性技术发展,谋求新的技术优势。四是更加强调多域威慑。与"新三位一体"威慑主要在单一作战域实施威慑不同,"一体化威慑"谋求通过"联合全域指挥控制""联合全域作战"等作战概念创新,实现全域威慑。五是更加强调联盟威慑。与"新三位一体"主要通过美国自身力量实施威慑不同,"一体化威慑"更加强调将盟友力量纳入威慑体系,通过强化与盟友一体化作战能力实现威慑。

## 三、美国宣布"不首先使用核武器"政策可能性较小

拜登政府上台后,一改上任政府咄咄逼人的进攻性核政策,采取了表面上较为温和的表态,表示可能宣布"不首先使用核武器"政策。早在竞选期间拜登就提出美国核武器的"唯一目的"是威慑核攻击,如必要则用于实施报复性核反击,并提出要重新评估"在冲突中保留首先使用核武器权利"的政策。8月,前国防部长佩里和军控专家致信日本首相和各政党,希望日本不要反对美国可能采取的"不首先使用核武器"政策立场。

美国炒作可能宣布"不首先使用核武器"政策的目的主要有两个:一是占据道义高地。面对世界上绝大多数国家反对核武器的呼声高涨,美国试图通过"不首先使用政策"宣示来重塑美国形象,占据道义高地。二是意图降低核冲突风险。大国竞争背景下,核冲突的风险明显上升。美国试图以退为进,通过宣布采取"不首先使用核武器"政策立场,降低核冲突风险。

综合分析相关动向，我们认为，美国宣布"不首先使用核武器"政策可能性较小。即使宣布，也只是一种政策宣示，后续能否落实仍需观察。按照美国延伸威慑政策，在日、韩等盟友遭受核打击或面临核攻击时，美国将使用核武器对给盟友带来威胁的国家进行打击和报复。近年来，美国在亚太地区的核保护伞应对威胁范围进一步扩大，非核威胁也被纳入保护范畴。美国通过为盟友提供核保护伞，换取这些国家不发展核武器。如果美国核政策转变为"不首先使用"，则意味着其所提供的核安全保护大打折扣，这可能刺激日、韩等我国周边国家发展核武器，进而引发核军备竞赛，这明显不符合美国战略利益。

## 四、特朗普政府时期研制的低当量核武器项目将可能终止

2021年6月，美国海军代理部长托马斯·哈克称，由于经费紧张，将不再为海基核巡航导弹提供经费。拜登竞选期间曾表示，美国不需要新的核武器，特朗普政府时期启动的 W76-2 弹头和海基核巡航导弹等低当量核武器项目是"坏主意"，将导致美国使用核武器的可能性增加。拜登政府认为，低当量核武器降低了核武器使用门槛，极易引发核冲突，且美国已研制并部署 B61 核炸弹低当量核武器，因此不需要新研制低当量核武器。未来 W76-2 低当量核弹头可能不再增加部署，尚处于方案论证阶段的海基核巡航导弹或被取消。

（军事科学院军事科学信息研究中心　方勇　李德顺　侯勤）
（中国核科技信息与经济研究院　宋岳）

# 美俄核军控走向分析

美俄核军控是冷战时期美苏核军备竞赛投射下的长长的影子，是国际核军控进程的重要组成部分。2021年的美俄核军控有两个关键词，一是回暖，二是续命。尽管双边关系依然紧张，美俄核军控却似乎重焕生机，启动战略稳定对话，为未来核裁军谈判预做准备。这是国际形势，尤其是美国内政变化所带来的结果。但同时也要看到，美俄核军控仍受到一系列结构性和技术性因素制约，短期内出现重大突破的可能性不大。

**一、2021年度美俄核军控主要成果**

2021年的美俄核军控有三个主要成果，即续约、声明和对话。其实际意义有限，但象征意义非常重要，标志着美俄军控暂时从大厦将倾的危局中摆脱出来，有了继续走下去的希望。

**（一）续签《新削减战略武器条约》，维系美俄核裁军最后一根重要支柱**

《新削减战略武器条约》签署于2010年，但其渊源可以追溯到20世纪

70 年代的美苏《第一阶段限制进攻性战略武器条约》《第二阶段限制进攻性战略武器条约》、90 年代的《第一阶段削减进攻性战略武器条约》《第二阶段削减进攻性战略武器条约》和 2002 年的《莫斯科条约》。该条约延续了美苏/俄核裁军进程，限定了美俄核武库的规模，即各自拥有的部署核弹头数量不得超过 1550 枚，各自拥有的部署的和非部署的核武器运载工具数量不得超过 800 件，其中部署的核武器运载工具不得超过 700 件。此外，它还延续了自 1987 年《中导条约》以来的传统，规定了侵入性的现场核查措施，包括对陆海空核武器基地的一类核查和对导弹生产厂、试验场、训练场等设施的二类核查。它也有明显不足，如核武器及其运载工具的计数规则并不合理，其中最为世人诟病的是将一架可以携带大量核弹头的战略轰炸机算作一枚核弹头。其核查措施也不像《第一阶段削减进攻性战略武器条约》那么严格。

该条约 2011 年 2 月 5 日生效，有效期 10 年，2021 年 2 月 5 日到期。按照条约规定，美俄可将条约延期 5 年。美俄早就应该磋商此事，但特朗普政府对于续约缺乏兴趣，一拖再拖，还抛出一堆借口。一是该条约只限制战略核武器，而对俄罗斯拥有数量优势的战术核武器未作限制，从而让俄罗斯拥有了不对称优势。二是未限制俄罗斯的高超声速导弹、核动力巡航导弹等新型核武器运载工具，单方面束缚了美国核力量现代化的手脚。三是炒作中国正在扩大核武库规模，而该条约没有包括中国。四是指责俄罗斯一贯违约，在履行《新削减战略武器条约》方面也不尽可信。迟至 2020 年 6 月，特朗普政府才开始与俄罗斯就续约问题举行正式会谈，但毫无成果，最终把缓事拖成急事，丢给拜登政府紧急处理。

拜登政府在军控问题上与特朗普政府针锋相对，特朗普政府退出的它要重新加入，特朗普政府要拖死的它要抓紧续命。在拜登政府看来，《新削减战略武器条约》的存续符合美国的国家安全利益。一是该条约规定的侵入性核查措施使美国可以清楚了解俄罗斯的核力量发展状况，而不必仅仅靠间谍卫星等国家技术手段来搜集情报。掌握相关数据便于美国制订相应的核武器现代化计划。拜登称该条约是美俄战略稳定的支柱。二是可以此为基础推动新一轮美俄核裁军。拜登及其团队认为美国核武器预算过高，美国不需要新的核武器，未来应该追求"可持续的"核预算。受其驱动，美俄可能开启新一轮核军控，而《新削减战略武器条约》将成为"新的军备控制安排的基础"。三是美国认为有必要与中国讨论核军控问题，但现阶段把中国拉入三边核裁军进程并不现实。四是尽管俄罗斯军控履约记录存在不足，但在履行《新削减战略武器条约》方面并无可指摘。基于这些考虑，拜登政府上任次日就发表声明，提出将该条约有效期延续到 2026 年。1 月 26 日，美俄总统通电话，表达了将《新削减战略武器条约》延长 5 年的意愿。2 月 3 日，俄美双方互换照会，完成条约延期的相关内部程序，协议即日生效。

**（二）发表战略稳定联合声明，重申"核战争打不赢，也绝不能打"**

6 月 16 日，美俄元首在日内瓦会晤，就战略稳定发表联合声明，承诺启动战略稳定对话，讨论军备控制问题。这意味着过去 4 年美俄核军控进程停滞不前的局面或被打破，新一轮核军控谈判又浮现出新的希望。此次美俄首脑会晤虚多实少，双方关于军备控制的共识堪称为数不多的具体成果之一。《美俄总统关于战略稳定的联合声明》包含以下要点。一是明确战略稳定的目标，即确保战略领域的可预测性，减少武装冲突风险和核战争威胁。二是重申"核战争打不赢，也绝不能打"的原则。三是承诺开展综合性的双边战略稳定对话，以便为未来的军备控制和降低风险措施奠定基础。

与特朗普政府时期的美俄军控相比，以上三点均有"拨乱反正"之意。

首先，美俄恢复了对维护战略稳定的共识，而特朗普政府曾主张战略稳定是一个过时的名词。其次，美俄通过重申核禁忌理念，恢复了对核军控的基本共识，与特朗普政府对核武器无知无畏的言论形成对比。最后，双方表达谈判新的军控措施的意愿，与特朗普政府一心废约退群的做法截然不同。双方要举行的战略稳定对话也有为未来军控铺路的明确指向，与特朗普政府时期美俄战略安全对话虚与委蛇的性质也不一样。

**（三）启动战略稳定对话，为未来军控创造条件**

根据两国元首日内瓦会晤达成的协议，美俄双方先后于7月28日和9月30日举行两轮战略稳定对话，讨论了当前安全形势、军控前景及未来对话形式，并于第二次对话后成立两个专家组，一个讨论"未来军控原则和目标"，另一个讨论"具有战略影响的能力和行动"。对于美俄战略稳定对话，需要辩证看待，既要肯定其积极意义，也要看到它具有投石问路的性质，还不算是正式启动新一轮军控谈判。

首先，该对话为战略稳定对话，而非此前所进行的战略安全对话。战略稳定与战略安全两个概念，看似差别不大，却反映了不同的军控理念。所谓战略稳定，是美苏/俄军控的核心概念，包括军备竞赛稳定和危机稳定，其关键是双方相互确保摧毁的能力。美俄《削减战略武器条约》《中导条约》《反导条约》等双边核军控条约均以维持战略稳定为基本原则。但特朗普政府力图将战略稳定从核战略中剔除出去，借以摆脱原有军控条约体系的束缚。同时，它试图以内涵较为模糊的战略安全取而代之，在战略安全对话框架内与俄、中讨论核、天、网等战略问题，并基于"美国优先"原则构建新的军控规则。而拜登政府尊重战略稳定的原则，与俄罗斯就战略稳定发表联合声明。美俄战略稳定对话说明双方试图在新的时代条件下重新确认战略稳定的意义，探索战略稳定的内涵。

其次,该对话是"综合性"的战略稳定对话,而非局限于核导武器的核战略稳定对话。美苏/俄军控条约主要集中于战略核武器、陆基中程导弹、导弹防御等领域的裁减与控制。而随着天、网、人工智能、高超声速武器等新型作战力量的发展,影响战略稳定的因素不断增加。美俄双方都有意扩展战略稳定对话范畴。在奥巴马政府时期,美俄曾设立网络问题热线。2020年7月,美俄举行太空安全对话,并组成核弹头与学说、核查、太空系统三个工作组。美俄战略稳定对话延续这一势头。美俄所谈的"具有战略影响的能力和行动"远远超出了核力量的范畴。美国国务院高级官员披露,在会谈中,双方除核问题外,还谈及太空、人工智能、网络问题。前北约副秘书长、奥巴马政府时期负责军控事务的副国务卿罗斯·戈特摩勒认为,导弹防御、高超声速武器以及《新削减战略武器条约》的后续条约问题可能成为双方议题。

最后,该对话只是对话,而非军控谈判。美俄首脑关于战略稳定的联合声明明确对话目的是"为未来的军备控制和降低风险措施奠定基础"。但由于拜登政府尚未完成核态势审议报告,对核力量结构和规模的需求尚不完全明朗,双方难以在年内进入实质性谈判阶段,更谈不上取得什么实质性的军控成果。

## 二、后续发展分析

### (一) 分歧依然巨大,实质性突破尚待时日

美俄在军控领域的一系列动作有助于维护双边军控体系,有助于减缓军备竞赛,对于国际安全具有积极意义。但双方要达成进一步的军控协议并非易事。

首先，美俄在地缘政治、人权、网络安全等领域存在一系列结构性矛盾，双方关系不会特别融洽。拜登政府对俄表态强硬。美国国务卿布林肯主张，应当让俄罗斯为干涉乌克兰、叙利亚事务付出代价。美国国家反情报与安全中心2020年8月曾指责俄罗斯在2020年美国总统大选中使用一系列手段诋毁总统候选人拜登。拜登誓言要对干预美国选举的"国家犯罪者"施加"巨大而持久的代价"，包括金融制裁、资本冻结、网络应对和腐败曝光。4月15日，美国财政部外国资产控制办公室制裁16家实体和个人，理由是它们在俄罗斯政府领导下试图影响2020年美国总统大选。俄罗斯副外长里亚布科夫说，拜登及其团队"凭借俄罗斯恐惧症成就自己的事业"，俄美关系将从"糟糕变得更糟"。在这种氛围中，俄美军控进程将面临较多不确定性。

正如在历史上签署《莫斯科条约》未能帮助美俄关系抵挡北约东扩和格鲁吉亚冲突的冲击，签署《新削减战略武器条约》未能帮助奥巴马政府实现重启双边关系的愿望。事实再次表明，续签《新削减战略武器条约》、就战略稳定发表联合声明、启动战略稳定对话有助于美俄就战略稳定问题保持沟通、增进了解，但无法化解两国之间的结构性矛盾。双方关系的转圜恐怕需要更为广泛的沟通协调和相互妥协。

其次，续约和对话是一回事，能否以此为基础往前再走一步、深度削减核力量则是另外一回事。此前，有人猜测拜登政府或许会将《新削减战略武器条约》临时延期，以便利用这段时间谈判新的条约。但拜登政府最终选择把条约有效期延长到2026年。这样一来，美俄谈判新的裁军条约在时间上将变得更加从容。具体到下一步核裁军目标上，拜登政府目前还没有提出明确方案。但在奥巴马政府时期，美国国防部曾经做过评估，认为部署1000~1100枚战略核弹头就足够了。拜登政府能否按照这个标准，推动美俄进一步将各自的部署核弹头数量削减至1000枚左右，现在还无从判断。需要美国新一轮核态势评估2022年初结束之后才能得到答案。

**（二）美俄在核军控问题上还有不少硬骨头要啃**

一是导弹防御问题。俄罗斯主张战略安全对话必须要谈导弹防御问题，因为进攻性战略武器与防御性战略武器是不可分割的，而美国坚决拒绝对导弹防御系统的发展施加限制。

二是外空军控问题。俄罗斯主张制定共同办法，确保外层空间探索俄安全，防止外空军备竞赛。为此，俄中两国在日内瓦裁谈会联合提出《防止在外空放置武器、对外空物体使用或威胁使用武力条约》，并在联大力推"不首先部署外空武器"决议。俄罗斯主张禁止在外空放置武器，禁止对外空物体使用或威胁使用武力，而美国不愿意谈判限制外空武器化的条约。美国想谈战术核武器问题，认为俄罗斯在该问题上占有不对称优势，而俄罗斯对此不予回应。

三是先进常规武器问题。美国特别关注俄罗斯所谓"稀奇古怪"的新型武器，要求加以管控。俄罗斯认为美国的全球快速打击系统等常规精确打击武器可部分实现战略目标，因此应作为战略对话议题。俄罗斯的部分新型武器，如"萨尔马特"重型液体导弹应该受到《新削减战略武器条约》限制，未来俄美可就相关核查问题进行磋商，但"波塞冬"核鱼雷等新型武器不受该条约限制。

**（三）在看到美俄军控面临的挑战与困难的同时，也要看到美俄军控的新动力**

除了拜登本人的军控情结，大国博弈焦点向中美转移，也让美国试图借军控外交盘活美俄关系。2021年1月，美国智库大西洋理事会发表题为《长电报：朝向一个新的美国对华战略》的战略文件，宣称"无论美国愿意与否,都必须重新平衡与俄罗斯的关系。有效加强美国的同盟关系至关重要。将来把俄罗斯从中国分割出去同样如此。过去十年,允许俄罗斯完全投入中国的战略怀抱,将被视为历届美国政府最大的地缘战略错误。"这种看法在美国内有一定代表性,不能排除拜登政府基于对华竞争考虑,调整对俄关系,并将军控合作作为改善美俄双边关系的主要抓手。从其政策实践来看,尽管拜登政府并未像特朗普政府那样不切实际地鼓吹中美俄三边军控,但在推进美俄战略稳定对话的同时,美方频频炒作中国扩大核力量规模,借机对中国施加军控压力,挑拨中俄之间的战略协作伙伴关系。

在某些具体问题上,美俄也有达成协议的空间。例如,双方有可能就暂不部署陆基中程导弹达成某种协议。2014年7月以来,美国一再指责俄罗斯违反《中导条约》,生产和试验条约禁止的陆基巡航导弹。2019年8月2日,美国正式退出《中导条约》。俄罗斯随即跟进,并采取反制措施,加快研制陆基版"口径"巡航导弹系统和陆基远程高超声速导弹系统。但与此同时,俄罗斯建议在没有《中导条约》的情况下,俄美双方暂不部署陆基中程导弹,并就核查问题达成一致。美国也有人提出可考虑与俄签署备忘录,不在欧洲部署陆基中程导弹,但不排除在亚洲部署,从而把压力转嫁给中国。这方面动向值得高度关注。

## 三、总结研判

总的来说,2021年是美俄军控酝酿转机的一年,但具体成果如何需要未来军控谈判进程的验证。由于中国与美俄核武库规模差距较大,拜登政府对此也有较为清醒的认识,当前及未来一段时间要求中国参与多边核裁军的压力并不会很大。但美国借口中国核武器现代化已经成为美俄进一步核裁军的重要障碍，可能提出冻结核武库规模的建议。当然，美国更关心的是为中美核关系加上"护栏"，通过中美对话完善危机管理机制，避免核危机与核冲突。此外，美俄在高超声速、中程导弹、太空、网络等新兴技术领域的军控互动也将直接影响中国安全利益。

展望未来，2022年初美国核态势审议报告出台之后，双方军控大戏将真正上演。主要看点有以下几个：一是美俄能否进行新一轮核裁军，减少部署核弹头及其运载工具数量；二是美俄如何在新的技术和政治条件下界定全球战略稳定，设计新兴力量军控规则；三是美俄是否可能在中程导弹发展和部署问题上达成某种自我约束性的协议。拜登政府还有三年任期，美俄必须快马加鞭，才有可能在以上涉及核与非核各领域的军控问题上取得切实进展。

（中国现代国际关系研究院军控研究中心　郭晓兵）

# 英国宣称提升核武器规模及其影响分析

2021年3月16日,英国首相向议会提交《竞争时代的全球化英国》报告(以下简称《报告》),从科学技术、国际秩序、国防安全、发展韧性四方面,综合评估英国的安全、国防、发展和外交政策,勾画2030年前的发展愿景。《报告》提出将库存核武器上限从180枚提高至260枚,与国际核裁军趋势背离,严重违反《不扩散核武器条约》。

## 一、基本情况

### (一)英国核力量历史演进

英国于1952年进行了首次核试验。冷战时期,发展了多种战略和非战略核武器,共生产约1200枚核弹头,库存核弹头最多时达到500枚(1973—1981年)。此后,英国认为来自苏联/俄罗斯的威胁降低,开始单方面逐步削减核武库。

英国奉行"最低限度威慑"核战略,核力量纳入北约整体防御架构。除自主掌握的所谓"最低限度"核威慑力量,还受到美国和北约提供的全面核威慑保护。英国坚持首先使用核武器政策，核武器运用保持模糊性，即以核打击条件的模糊性应对安全威胁的不确定性。

英国的核力量发展高度依赖美国，与美国先后签署《共同防御协议》和《拿骚协议》，1962 年后的核试验均在美国内华达试验场进行，从美国购买"北极星"和"三叉戟"潜射弹道导弹。

英国于 1995 年宣布停止生产武器用高浓铀和钚。最新数据显示，英国拥有 22.6 吨库存高浓铀和 3.2 吨军用钚。

随着国际局势缓和，英国于 1998 年宣布取消空基战略核力量，仅保留海基，作战部署的核弹头不多于 200 枚。英国 2010 年版《战略防务与安全评估》报告提出，到 21 世纪 20 年代中期，将库存核武器数量从不超过 225 枚削减至不超过 180 枚；实战部署的核武器数量从不超过 160 枚削减至不超过 120 枚。

**（二）英国现役核力量与 2030 年展望**

《报告》宣称，英国目前和未来将继续维持"最低限度、有保证和可信的核威慑"；对在何时、以何种方式以及在多大规模上使用核武器保持模糊；到 2030 年将库存核武器上限提高至 260 枚，并不再公开具体部署数量。

最新数据显示，英国目前库存核弹头 195 枚，现役仅"霍尔布鲁克"一型，威力约 10 万吨梯恩梯当量，其设计类似美国现役海基 W76 核弹头。英国正在美国帮助下实施核弹头延寿和能力维持计划，研制 Mk4A 再入飞行器替代现役 Mk4，其中的引信、解保和点火子系统由英美共同设计并在美国制造，已于 2020 年开始服役。在新一代核弹头的研制过程中将与美开展密切合作，目前拟采用美国新型 W93 核弹头的相关设计。

英国现役 4 艘"前卫"级战略核潜艇，均为 20 世纪 90 年代服役，每艘可携带 16 枚从美国购买的"三叉戟"－2 D5 潜射弹道导弹。2016 年，英国议会批准新一代"无畏"级战略核潜艇的研发计划,拟建造4艘。"无畏"级核潜艇排水量17000吨,使用PWR-3型压水堆,艇体采用渐平式单一曲率设计,采用泵喷推进技术和X形尾翼,搭载12枚"三叉戟"-2 D5潜射弹道导弹或其延寿型号,研制总经费310亿英镑。新一代战略核潜艇将在21世纪30年代初服役。《报告》指出,英国将在未来4年额外增加240亿英镑国防开支,用于推动核力量在内的军事现代化。

## 二、英国增加核武器数量的动因分析

《报告》未解释增加核武器数量的具体原因,仅称"不断演变的安全环境,包括不断发展的技术和理论威胁"使英国无法延续冷战以来削减核武库的做法。

### (一)重塑"大国形象"

英国核武库规模在五核国中居于末位,且长期以来与美国的紧密关系和欧盟成员国身份定义了英国的世界地位。脱欧后,英国希望扮演新的全球角色,增强核威慑是其重塑"大国形象"的重要举措。

### (二)应对"俄罗斯威胁"

《报告》将俄罗斯定义为"最严重的直接威胁"。近年来,美、英等西方国家不断指责俄罗斯奉行"以升级促降级"核战略(前述"理论威胁"),即以威胁有限使用战术核武器迫使北约国家放弃与俄罗斯的常规冲突;此外,英国国防大臣本·华莱士在《报告》发布后公开表示,英国增加核武器数量与俄罗斯增强导弹防御有关。上述原因可能促使英国重新评估其核武库规模能否满足最低限度核威慑的要求。

### (三) 防范"中国挑战"

《报告》声称,中国的军事现代化和日益增长的自信将对英国利益构成"越来越大的威胁",对英国繁荣和价值观构成"系统性挑战"。为此,英国将对印太地区采取重大且长期的倾斜政策,即"印太倾斜"政策。增加核武器数量亦有应对"中国崛起"的准备。

## 三、影响分析

### (一) 颠覆英在核裁军领域的国际形象

《不扩散核武器条约》1970 生效至今,已有包括 5 个核武器国家在内的 191 个缔约国,是全球核不扩散制度的基石。条约在承认美、俄、英、法、中五个核武器国家拥核合法地位的同时,还在第六条中明确规定了五核国的核裁军义务,即"每个缔约国承诺就及早停止核军备竞赛和核裁军方面的有效措施,以及就一项在严格和有效国际监督下的全面彻底核裁军条约,真诚进行谈判"。英国一向自诩其单方面削减核武器是对条约第六条的突出贡献,是在履行《核不扩散条约》规定的法律责任。此次公开宣布扩大核武库规模的做法完全颠覆了英国在核裁军领域的国际形象,严重违背《不扩散核武器条约》法律规定。

### (二) 可能引发英俄关系进一步恶化

英国扩大核武库矛头直接指向俄罗斯,可能引发英俄关系进一步恶化,加剧俄罗斯与欧洲西方势力业已复杂深刻的矛盾,导致该地区不稳定局势的进一步动荡。

### (三) 向无核武器国家传递错误信息

英国公开提高核武库上限的做法逆转了国际社会自冷战结束后对削减

核武器的普遍共识，可能导致相关核武器国家的连锁反应，增加了无核武器国家退出现行核不扩散机制、寻求发展核武器的动因和借口。

**（四）或使印太地区安全形势更趋复杂**

英国核武器自发展之日起，即以苏联/俄罗斯为主要威慑目标。但随着英国战略重心向印太地区倾斜，其核力量也将在该地区发挥重要的威慑作用，不排除此次增加的 80 枚核武器中有部分意在针对中国。

（中国核科技信息与经济研究院　张莉）

# 美英协助澳大利亚建造核潜艇的影响分析

2021年9月16日,澳大利亚政府宣布,与美国、英国组成新的三边强化安全伙伴关系,并将由美英协助澳大利亚建造至少8艘核潜艇。上述计划意味着澳大利亚将获得世界领先水平核潜艇和武器装备,将给地区安全稳定乃至国际核不扩散进程等带来诸多不利影响。

## 一、基本情况

2021年9月16日,澳大利亚政府发布声明称,针对不断加大的印度洋－太平洋地区的安全挑战,澳大利亚、英国和美国将建立三边强化安全伙伴关系(AUKUS),加深各国在一系列新兴安全与国防能力上的合作,强化联合作战能力和彼此协作能力,初步将聚焦网络能力、人工智能、量子技术、水下能力等。

AUKUS的"首项倡议就是借助美英几十年的经验,让澳大利亚获得核动力潜艇技术",为澳大利亚交付至少8艘核动力潜艇。澳大利亚将依靠现有的常规潜艇工业能力在澳大利亚本土建造这批核潜艇,同时发展一套核潜艇运行保障工业能力。澳大利亚同时也终止了和法国合作建造常规潜艇的计划。澳大利亚还重申了对坚持全球防扩散的承诺。

此后,澳大利亚还将获得"战斧"巡航导弹、联合空对面防区外导弹、远程反舰导弹、高超声速导弹、精确打击制导导弹等技术和装备,并发展本土导弹生产工业。

## 二、分析研判

### (一)澳大利亚将一举获得世界先进水平的核潜艇装备

潜艇核动力是核技术的高峰,世界上目前只有核五国和印度六个国家掌握。美英核潜艇居于世界先进水平,配备"战斧"巡航导弹等先进武器装备和自动化指挥控制系统,水下声学优势明显、可满足多种军事任务需求、核动力装置实现长时续航和全寿期不换料。澳大利亚目前仅有建造和运行常规潜艇的经验,其核工业主要是铀矿开采和出口,还运行着一座研究堆,本土研制潜艇动力堆的基础贫乏。

此次美英借助 AUKUS 帮助澳大利亚发展核潜艇,最有可能的前景是,除反应堆外的艇体以美英先进的攻击型核潜艇为基础设计,利用澳大利亚现有常规潜艇工业能力在澳大利亚本土建造,潜艇反应堆与核燃料直接从美英引进,核潜艇还将配备目前只有美英两国装备的"战斧"巡航导弹。同时,美英还将协助澳大利亚培训核动力操纵人员,建立起核潜艇运行保障能力,使澳大利亚核潜艇在最短时间内形成战力。三国还可共享太平洋地区军事基地的核潜艇维护保障能力。不排除澳大利亚下一步建立本土核潜艇反应堆及核燃料研制生产能力。按照美英建造攻击型核潜艇的周期,澳大利亚最快可在 2030 年左右建成首艘核潜艇。

美英澳 AUKUS 伙伴关系，实质上是把美英基于 1958 年《美英共同防御协定》共享军用核技术的特殊"核关系"延伸到澳大利亚，形成一个"核潜艇共同体"。澳大利亚将借此一举获得先进核潜艇、"战斧"巡航导弹等高端装备，跻身世界先进海军行列。

**（二）美国借助盟友强化印太地区水下军事能力**

美英澳新的 AUKUS 伙伴关系，是美国借助盟友进一步推进印太战略军事层面的重大举措。美国"印太战略"成型于 2018 年，将战略重点从中亚、中东转向"印太"，将印太地区作为一个战略板块，重点就是制衡中国。美国总统拜登 2021 年 1 月上台以来，不断拉拢盟友加入"印太战略"。2021 年 3 月美日印澳的"四国安全对话"就引起广泛关注。此次组建 AUKUS，为澳大利亚海军配备世界先进潜艇技术与武器装备，将给美国军事同盟在印太地区，尤其是南海地区的军事实力，增加重要的力量。

另外，美国现役 51 艘攻击型核潜艇和 4 艘巡航导弹核潜艇在全球海洋前沿部署，是控制制海权的关键力量。然而，由于冷战结束后美国降低了新建核潜艇的数量，核潜艇兵力水平目前仍处于低位，不能满足美国海军目前 66 艘攻击型核潜艇的兵力水平目标。从军事使用情况来看，这支潜艇队伍近年一直面临数量短缺、捉襟见肘的局面，急迫需要增加数量应对全球范围的各种军事任务需求。又由于建造周期、工业产能的制约，美国增加攻击型核潜艇数量的计划，要到 21 世纪 40 年代末才能见到成效。

因此，澳大利亚未来掌握一支高水平的核潜艇部队，将显著减轻美国现役攻击型核潜艇、巡航导弹核潜艇部队在印太地区执行任务的压力，极大巩固美国军事同盟在印太地区的前沿存在和水下军事优势，提升其执行反潜、反舰、打击、侦察等军事任务的能力和水平。

### (三) 美国将继续维持强大的核军工体系

美国、英国的核潜艇工业在冷战结束后的 30 年来，也因新建潜艇数量大幅减少而急剧压缩、产能窘迫。美国两家核潜艇造船厂目前以每年交付 2 艘"弗吉尼亚"攻击型核潜艇的建造速度满负荷运转，新一代"哥伦比亚"级弹道导弹核潜艇也已启动建造，再提速建造新潜艇十分困难，现役潜艇也常常因不能及时得到维护而推迟出海部署。英国建造新型弹道导弹核潜艇的计划，近年来也因经费上涨和进度拖延严重而艰难推进。

美英两国以 1958 年《美英共同防御协定》为基础在核武器与运载系统、潜艇核动力技术"战斧"巡航导弹等领域共享互惠。此次美英澳建立 AUKUS，延伸了美英两国的紧密盟友关系，将在三国之间形成核潜艇、巡航导弹乃至更多高新装备的军工技术同盟。澳方大笔经费投资美英国防企业开展核潜艇设计、研发、部分关键设备系统制造等，将推动美英缓解当下问题，促进扩大产能、提升效率，摆脱当前困境。

### (四) 可能刺激更多国家加入"核潜艇俱乐部"，恶化地区安全局势

世界范围新一轮发展核潜艇的热潮已显露苗头。印度本土弹道导弹核潜艇在 2009 年下水，成了五核国之外首个建成核潜艇的国家，又提出了改进弹道导弹核潜艇、批量建造攻击型核潜艇的计划。巴西 2007 年重新启动核潜艇计划，将结合法国常规潜艇技术，预计到 21 世纪 30 年代也将建成本土首艘核潜艇。近几年，韩国军方以朝鲜发展核导能力为由，着手发展核潜艇。伊朗多次提出发展核潜艇的打算，作为发展铀浓缩的理由。继 AUKUS 消息传出后，2021 年 9 月底，日本一些政府官员和首相候选人也表示支持日本拥有核潜艇。

澳大利亚未来的核潜艇，将是核武器国家史无前例地将领先水平的核潜艇技术转让给非核武器国家，其技战水平和实战效果都将远超印度、巴

西等国"入门核潜艇"水平,会给周边国家带来切实的不安全感,严重冲击亚太地区的战略稳定格局,促使更多无核武器国家纷纷加快跟进,加入发展核潜艇的军备热潮,乃至激发出新的核潜艇跨国买卖案例,给世界安定带来恶劣影响。特别是在东亚地区,韩国、日本已有先进的反应堆技术和核工业基础,具备发展潜艇核动力的较好基础条件,如果加入核潜艇国家行列,会显著加大我国周边的安全挑战。

### (五)核扩散风险严峻

无核武器国家获得核潜艇技术,是国际防扩散体制灰色地带,由于历史原因未被《不扩散核武器条约》(NPT)为代表的核不扩散体制所禁止,并且相关核材料和核设施可以不接受国际原子能机构保障监督。核潜艇普遍采用压水堆,需要使用浓缩铀燃料。美英为提高核潜艇技战性能,采用富集度90%以上的武器级高浓铀作为核潜艇燃料。无核武器国家用于核潜艇的核材料和核材料生产设施,如果不接受保障监督,就具有严峻的核扩散风险,体现在:将潜艇核材料秘密转用于核武器、假借潜艇名义秘密为核武器生产核材料、跨国转移核材料、扩散铀浓缩生产技术、扩散大规模杀伤性武器运载工具等。

澳大利亚是NPT、《全面禁止核试验条约》《南太平洋无核区条约》等缔约国,但未签署《禁止核武器条约》。澳大利亚目前的核工业主要是铀矿开采和出口,还运行着一座研究堆,未发展核电。澳大利亚如果发展核潜艇,就将从美英获得高浓铀反应堆燃料与核材料加工技术,甚至有可能是武器级的高浓铀,也不乏为供应核潜艇燃料而兴建铀浓缩能力的可能,这些都将加大澳大利亚的发展核武器的潜能。美国一艘"弗吉尼亚"级核潜艇反应堆核燃料的武器级高浓铀材料,粗略估计有数百千克。澳大利亚获得8艘核潜艇后,其掌握的核材料将足够制造数十枚核武器,在不受保障监督的情况下，具有极高的核扩散风险。如果澳大利亚本土生产潜艇核燃料，还将造成铀浓缩技术的扩散。况且，核潜艇具有运载弹道导弹的能力，此举也将造成大规模杀伤性武器运载工具的扩散。在 AUKUS 激励下更多国家加入"核潜艇俱乐部""铀浓缩俱乐部"，上述核扩散风险还将成倍增加。

## 三、几点启示

**（一）AUKUS 三边关系制衡我国意图明显**

美英澳不顾国际社会广泛反对，结成 AUKUS 三边关系，促使澳大利亚获得世界一流核潜艇和军事装备，将极大强化美国军事同盟在印太地区的水下军事力量，推动美国印太战略在军事层面的进程，制衡我国意图明显。尤其是针对我国水下实战能力的"短板"，加强对"第一岛链"的围堵态势和在台海地区的战略力量。

**（二）给国际核不扩散议程带来难以消除的不良影响**

美英等西方核大国近年来无视核裁军承诺，加大核武器装备发展进程，使国际核不扩散议程越来越陷入停滞和倒退，已经引起国际社会普遍不满。美英帮助澳大利亚发展核潜艇，不但开创核武器国家向无核武器国家转让潜艇反应堆技术的先例，未来还将在多方面加剧核扩散风险，给国际核不扩散议程再次带来更多不良影响和实质性的阻碍，包括将给《禁止易裂变材料生产条约》（FMCT）等尚在谈判中的军控倡议带来变数。

（中国核科技信息与经济研究院　许春阳）

（北京航天长征科技信息研究所　商翔伦）

# 美国核作战构想研判分析

重返大国竞争时代以来,美国以中俄等高端对手为主要假想敌,从条令条例、组织管理、技术创新、装备研发、演习实验等多方面综合施策,谋求新质核作战能力,聚焦构建全新核作战优势,有关动向值得关注。2021年9月,美国完成F-35A隐身战斗机使用B61-12新型精确制导核炸弹的最后一次飞行测试认证,形成低当量精确核打击作战能力。

总体来看,美国核作战最重要的变革方向是改进现役并发展新一代"三位一体"核力量,推进核指挥、控制与通信(NC3)系统转型,构建全新核作战体系;最重要的备战举措是开展核作战演习,演练太空、网电等复杂作战环境下的全球核打击能力;最重要的潜在威胁是发展与部署低当量核武器,具备未来区域冲突中使用战术核精打的灵活多样作战能力。

## 一、美国核作战总体设计

2021年7月,美国科学家联盟公开的参联会JP3-72《联合核作战》条令(2020年4月)提出,"核武器被用于地区或全球冲突的可能性正在增加，冲突中的核打击将包括敌方领导人"。2020 年 11 月，美国国防部编制的新版 2020 年《美国核运用战略报告》提出，"有限核打击与大规模核打击两种作战样式"。美国当前核作战计划被纳入战略性作战计划《作战计划（OPLAN）8010-12》之下的一系列计划以及各种地区计划。该计划拥有足够的灵活性，能够根据态势发展进行正常调整，除运用核力量，打击计划还包括使用常规巡航导弹，作战计划包括对俄罗斯、中国、朝鲜和伊朗的打击计划。美国目前核作战的总体设计是：一是以中俄为主要打击对象，打击目标为核力量及国家元首等；二是打击手段覆盖灵活战术核打击与战略核打击，灵活战术核打击是美国近年为适应与中俄等高端对手的作战需求发展的新型核作战能力，可补充战略核打击，形成多梯次打击能力；三是接通核指挥控制与联合全域指挥控制，运用全域态势感知数据分析战略作战环境，引入人工智能辅助决策技术，开展核作战指挥控制；四是全面运用新型太空体系架构、网络、人工智能等新兴国防科技赋能传统核作战，运用太空系统实时监控对手战略目标，运用机器学习与无人系统侦察与预测敌方战略核力量机动轨迹，使用网络隐蔽攻击对手核力量体系。兰德公司 2018 年报告《人工智能对于核战争风险意味几何？》表明，"DARPA 在生存自适应规划实验（SAPE）项目中探索使用人工智能技术生成核作战方案。SAPE 项目可以在 3 天完成正常需要 18 个月才能完成的作战方案，将重新定位机动战略武器的时间从 8 小时缩短到 3 分钟。"

## 二、美国核作战备战动向

一是开展核作战推演研练核作战能力。美军例行开展核作战推演，检验应对未来核战争的能力。美国空军 2018 年 12 月初举行核战争兵棋推演，检验 2030 年爆发核战条件下其设计中的新武器价值。新型 B-21 战略轰炸机在这种条件下的作用是此次演习检验的重点。此外得到检验的还有到 2030 年时 B-52 战略轰炸机是否还能发挥作用、新型洲际导弹的价值等问题。检验空军正在发展和部署的新型作战能力是否能应对未来的威胁。

二是强化战略导弹核潜艇大西洋巡航演练对中朝隐蔽核打击能力。美国近年强化战略导弹核潜艇在太平洋的巡航，访问前沿基地，旨在加强对中朝的威慑，演练对中朝核作战能力。2016 年，美国战略核潜艇访问关岛。这是自 1988 年以来的首次，其目的是向朝鲜展示核威慑力量。2017 年、2018 年和 2019 年，继续访问夏威夷、阿拉斯加和关岛。

三是强化战略轰炸机自本土至全球的远程奔袭演练并多次飞抵南海。2021 年 1 月，美国空军一架 B-52 轰炸机在前往关岛部署的途中先"兜圈"飞到南海，展示远程战略投送能力，演练动态兵力运用概念。8 月，3 架美国空军 B-2 隐身轰炸机降落在冰岛，展开长达数月的部署，这是 B-2 轰炸机首次部署冰岛，可能为几年后服役后的新型 B-21 隐身轰炸机在冰岛部署铺平道路。

四是举行年度"全球闪电"战略核力量演习演练核作战能力。2021 年 3 月，美军开展"全球闪电 2021"演习，增强战备状态，并为有效应对各种威胁采取战略威慑措施，探索战略司令部如何帮助并告知决策者，以支持陆军信息优势作战活动的开展，成为多域作战的基本组成部分。

五是举行年度"全球雷霆"战略核力量演习提升核指挥控制能力。2021 年 11 月，战略司令部启动年度"全球雷霆"核指挥控制与野战训练演习。此次演习将针对模拟对手开展现实演练，目的是评估战略司令部执行任务的能力，进一步提高核战备和战略威慑能力。演练包括增加轰炸机飞行、导弹部队演练和战略核潜艇战备演练，验证"三位一体"核力量的可靠性和弹性。此次年度"全球雷霆"演习将与其他作战司令部、军种和特定美国政府机构协同开展全球行动,以阻止、侦察并在必要时击败针对美国及其盟国的战略打击。"全球雷霆"军演为美军战略核力量年度例行军演,通常会动用美军战略司令部所属战略打击力量和部分美国盟友军队力量,旨在评估部队联合作战能力,检验核部队战备状态,主要重点是核指挥和控制。

六是联合盟国与伙伴开展核演习演练联合核作战能力。美军近年持续演练战略轰炸机与盟国作战平台的联合作战模式,进一步提升美军战略打击、远程突袭、近距离空中支援以及联合作战等能力。2021年9月,B-52轰炸机在太平洋上空和日本多架F-15战斗机进行了联合训练;同时印度尼西亚空军的多架F-16战斗机也和美国轰炸机一起进行了飞行演练。演练期间B-52H轰炸机模拟了多个实战科目,如迅速抢夺制空权、对陆、对海火力打击以及核攻击演练等。2021年10月18日起,北约开始举行为期一周的"坚定正午"年度核打击演习。来自14个北约国家的飞机和人员参加了演习,来自比利时、德国、意大利、荷兰、土耳其和美国可携带B61核弹的战斗机、常规战机、侦察机与加油机开展联合飞行演练,测试每个合作伙伴在其领土上运营的北约机场为其他国家飞机提供服务的能力。"坚定正午"演习旨在确保北约核威慑力量安全、可靠和有效,每年由不同的北约国家主持,通常在两个存放美国B61战术核弹的空军基地举行。2021年,参与演习的两个意大利空军基地是位于该国东北部的阿维亚诺空军基地与盖迪空军基地。据美国科学家联合会称,意大利上述两个基地储存了35枚B-61核弹。

## 三、美国核作战场景预测

一是潜射核导弹打击对手战略导弹发射井作战场景。美军弹道导弹核潜艇在西太平洋预定威慑巡逻区巡航,避免发射的"三叉戟"-2D5 潜射导弹飞越俄罗斯领空,以有效打击对手的战略洲际弹道导弹发射井。美国家指挥当局利用 NC3 的先进网络防御能力,在潜在对手人工智能赋能网络攻击下,通过最低限度基本应急通信网将命令直接安全可靠地传输至"三叉戟"-2 D5LE 潜射导弹部队。接到命令后导弹从大西洋起飞,飞行约 20 分钟后核弹头命中对手战略导弹发射井阵地。美国科学家联盟 2006 年报告《中国核力量与美国核战争计划》提出,"潜基核力量是打击中国的最合理手段"。

二是 B-2/B-21 隐身穿透核打击作战场景。B-2/B-21 战略轰炸机,携带精确制导防区外重力炸弹 B61-12,对潜在对手战术核力量进行毁灭性打击。战略与预算评估中心 2010 年报告《维持美在远程打击领域战略优势》提出,"未来 B-21 轰炸机可自关岛安德森空军基地、迪戈加西亚空军基地起飞,分别在恒河河口、日本九州上空进行一次加油,确保 4~5 小时的实际战斗时间,然后以超声速突破空中阻拦网,并联合盟友,多方向、多维度发起攻击,同时夺取空间、信息、电磁、空中与海上控制权后再深入纵深打击陆上目标与战争潜力目标"。

三是 B-52 轰炸机携带核巡航导弹执行远程防区外核打击作战场景。台湾地区与朝鲜核问题升级,B-52 战略轰炸机挂载 AGM-86 核巡航导弹在空中巡逻,与预警机、常规打击武器及水面舰艇等武器装备,形成联合作战体系。根据态势发展对对手实施远程防区外核精打。未来美国空军 B-52

机群可安装 Link 16 网络通信设备，新型雷达，先进的防区外核巡航导弹，此外，该机还安装了新的发动机，航程得以增加了 25%。"反介入/空中拒止"环境中可以提供更强的行动能力。

四是基于现代化 NC3 与 JADC2 融合的战术核常联合打击作战场景。美国基于 NC3 系统与联合全域指挥与控制（JADC2）的有机融合，使用战术核武器与常规武器对敌战术核力量实施打击。多架 F-35A 战斗机携带 B61-12 战术核炸弹及多架 F-22 携带常规武器，与预警机及加油机等以智能网络形式协同，实现数据共享，形成空中联合打击体系，同时与 NC3 系统的太空传感器、指挥机构等实现跨域协同，对目标实施有效核常联合打击。

（北京航天长征科技信息研究所　赵国柱）

# 美国远程高超声速武器发展及作战运用

2021年9月底,美国陆军完成"远程高超声速武器"(LRHW)的第一批地面配套设备(不包括导弹本身)的接收,标志着美军首支高超声速导弹发射部队的组建取得关键进展。这批设备包括一个连作战指挥中心、四辆运输-起竖-发射车以及其他地面设备车,已交付给位于华盛顿州刘易斯-麦克乔德联合基地的陆军第一军第17野战炮兵旅第3野战炮兵团第5营。陆军下一步将对士兵进行设备培训,包括从C-130运输机上卸载该系统,以满足2023年的部署要求。LRHW的部署将加快美军高超声速打击能力的形成。

## 一、LRHW的主要技术特点

"远程高超声速武器"导弹目前已被命名为"暗鹰"(Dark Eagle)。该导弹项目在2019年由美国陆军正式启动,旨在开发一型采用公路机动方式发射的中远程陆基高超声速导弹。美国陆军计划在2023财年完成开发并组建一个装备"远程高超声速武器"导弹试验样弹的导弹连。陆军远程高超声速武器方案采用与海军的"中程常规快速打击"(IRCPS)武器整弹通用的设计,包括美国海军和陆军联合开发的"通用滑翔飞行器"(C-HGB)和通用的两级助推器系统。LRHW 系统的目标射程为 2750 千米,LRHW 系统整弹壳体直径为 887 毫米,从长 10 米的运输和发射箱中进行发射(图1)。

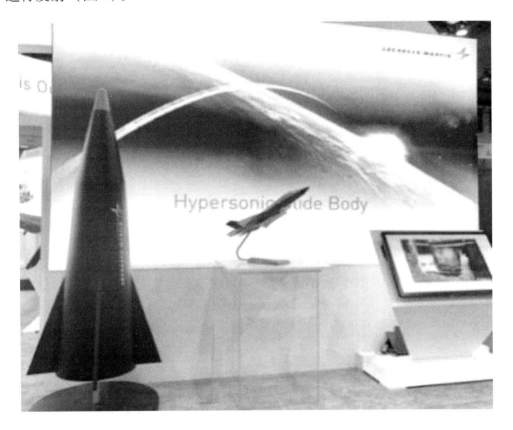

图1 LRHW 滑翔飞行器的模型

## (一) 成熟的双锥体构型滑翔飞行器技术

美国海军和陆军联合的 C-HGB 方案主要继承之前"先进高超声速武器"(AHW)项目的研究成果。AHW 则基于冷战时期美国桑迪亚国家实验室研究的"有翼高能再入飞行器实验"（SWERVE）项目，该项目在飞行末段采用类似"潘兴"2弹道导弹的雷达地形匹配引导，使用动能战斗部。AHW是一种双锥体十字翼的高超声速滑翔弹头，升阻比可能为2左右。据此分析，C–HGB在外形上与AHW滑翔飞行器相近，采用带翼的轴对称双锥体构型。该滑翔飞行器气动稳定性好，由常规战斗部、制导系统、电缆和热防护罩等组成，可打击中程至远程范围内的目标。但是，C–HGB采用潜基平台和陆基机动发射的方案，受发射装置的尺寸限制，该滑翔飞行器应为AHW飞行器的缩比型，射程比AHW要更小。2020年3月19日，美国海军和陆军联合开展了"通用高超声速滑翔体"（C–HGB）的飞行试验，美军官员称这次飞行试验验证了Block0型C–HGB的设计。

**（二）通用化的新型两级固体助推器技术**

LRHW系统采用海军与陆军通用的两级固体助推器。该助推器是美国海军主导开发的新型助推器，由洛克希德·马丁公司研制，将建造和集成大直径的火箭发动机。海军和陆军已经分别向洛克希德·马丁公司授予助推器研制和改进合同，总研制经费投入达13亿美元。2021年以来，这种新型固体助推器的一子级和二子级均成功完成了地面静态点火试验。2021年10月，美军在阿拉斯加太平洋航天港综合体进行的一次陆军和海军通用高超声速导弹原型飞行试验因助推火箭出错而导致试验失败，这表明用于LRHW的新型固体助推器技术仍未完全成熟。

**（三）灵活机动的发射转运系统**

LRHW采用奥什科什M983A4牵引车，发射车为"爱国者"防空导弹发射装置M870半挂车改进型，发射车上有两个发射箱（图2）。从2021年交付的发射箱图片可知：发射箱满载重9300千克，自重1900千克，这可能表明LRHW导弹重量约7400千克。M983A4四轴牵引车保证系统的机动性，可以在公路和某些难以通行地段获得高机动性。此外，这一牵引车属于通用汽车族，可简化整个导弹系统的使用。陆军表示下一步将演练从 C-130 运输机上装载和卸载 LRHW 发射系统，表明该系统未来可通过运输机快速进行转运部署。

图 2　LRHW 的运输起竖发射车

## 二、LRHW 的攻防战法研究

LRHW 最快在 2023 年进行首次部署（图 3）。陆军计划在新成立的多域特遣部队战略火力营下设立远程高超声速武器导弹连。每个 LRHW 导弹连包括 4 辆运输—起竖双箱发射车和一个导弹控制中心，配备 8 枚导弹。根据射程水平推测，LRHW 很可能将采取前沿基地部署或者大型运输机快速转运部署的方式。

图 3　美国陆军"远程高超声速武器"系统模型

### （一）关键目标的多批次打击

高超声速武器平均速度大于马赫数 5，进一步模糊了前沿部署、纵深配置的战场空间概念。因此通过战前精心预选预置多批次打击目标的参数诸元，战时分波次有序打击敌人的侦察预警系统、拦截反击平台、指挥中枢、通信节点等高价值作战目标，能够不断破击对手的作战链路及防御体系，迭代获取行动优势并最终转化为作战胜势，有效达成作战目的。未来，陆基的 LRHW 导弹可以与空基的 ARRW 和海基的 IRCPS 导弹配合，制定多批次打击的方案，对关键目标实施饱和式打击。

类似地，俄罗斯 KATEHON 智库在 2016 年 6 月曾设想俄罗斯高超声速武器对美国远洋舰队的打击思路。俄罗斯认为，可在三个部署区域、分三个波次，对美国海军远征舰队实施打击，阻止其跨越大西洋，抵达濒临俄罗斯国境的波罗的海。实施三波次高超打击的武器类型包括战术型助推滑翔导弹、战术型高超巡航导弹。

### （二）体系化渗透打击作战

美国空军 2015 年发布的《美国空军未来作战概念》报告中，描述了美国空军 2035 年后的作战模式，对于高超声速飞行器协同作战样式进行了设想，主要针对在对方具备"反介入/区域拒止"（A2/AD）能力的高对抗环境下，对重点区域、重点目标进行远程清除，夺取区域制空权，为后续的空海一体式大规模打击扫清障碍。在这一概念中，美军高超声速作战融入了"无人协同组网探测""蜂群作战""无人电子战""干扰－打击－一体"等多种新概念，发挥体系化作战优势。高超声速导弹与无人机混合编组，通过高速、高机动、蜂群、干扰等手段，破坏敌方"发现－识别－跟踪－打击"作战链，压缩对手的指挥决策时间，对高能激光武器、导弹阵地、雷达通信设备等高价值目标实施远程精确打击，真正实现"破网断链"，瘫痪敌方的作战能力体系，从而达到既定战术目的。

## 三、威胁分析

LRHW 导弹将主要用于执行特定情形下的战略打击任务，可在与对手区域对抗条件下，从防区外对对手重点目标实施攻击。

### （一）作为"踹门"武器，突破对手防御体系

高超声速武器可在短时间内对对手重要目标实施打击。当 LRHW 导弹飞行速度达到马赫数 5～6 时，仅依靠速度就足以达到非常高的突防概率，

有效穿透各国现有的作战防御体系，摧毁敌方的高价值目标。LRHW 导弹能够大范围机动飞行，绕过对手主要拦截集群，开辟战场"安全走廊"和"侧向突防通道"，以迂回侧击方式打击对手后方的关键目标。凭借其极具穿透力的打法，它很可能被用作"踹门"利器，以"读秒"的速度对重点区域、重点目标进行远程清除，打破对手防御体系，为后续大规模打击扫清障碍。

（二）对高价值目标进行时敏打击，瘫痪对手反击能力

美国国防部认为，常规快速打击能力使美国能够在冲突开始或冲突期间快速攻击高价值目标或"时敏目标"，从而增强美国威慑并击败对手的实力。例如，对手部署的可能破坏美国持续攻击能力的防空系统或反卫星武器，以及固定部署或机动部署的弹道导弹，高超声速武器使美国能在对手使用这些武器之前，就将其摧毁。美国陆军目前已经开展试验显著缩短杀伤链，从卫星或无人机探测到目标到炮兵部队开火的时间缩短到 20 秒以内。一旦陆基高超声速滑翔导弹部署在第一、二岛链的美军基地，甚至是日本、韩国、菲律宾的美盟基地，可对对手东部沿海和中部地区的关键战略目标构成直接威胁。

(北京航天长征科技信息研究所　韩洪涛　王友利)

# 美国首枚 B61-12 核航弹完成组装即将批产影响分析

美国能源部国家核军工管理局 2021 年 12 月宣布，经过 9 年多的设计、开发、认证和零部件制造过程，首枚 B61-12 核航弹已完成组装，经测试认证后，将于 2022 年 5 月启动批量生产。国家核军工管理局局长吉尔·赫鲁比表示，B61-12 核航弹的打击精度、安全性和可靠性均得到提升，爆炸当量降低，可由现役及未来的空中作战平台投掷，满足国防部的需求。

## 一、B61-12 核航弹研制背景

B61 核航弹自 1968 年服役以来，已经过多次改进，以提高安全性、可靠性和有效性。2010 年，美军为解决核航弹型号多、部件老化和打击精度低等问题，开始实施 B61 核航弹延寿计划，翻新、更换或重复利用 B61 核航弹的部件，将 B61-3/-4/-7/-10（B61-10 现已退役）四型核航弹整合为 B61-12，最大限度地减少维护和测试成本，并使 B61 系列核航弹的使用寿命延长至少 20 年。

B61-12 核航弹于 2012 年 2 月进入工程开发阶段，2016 年 6 月进入工程制造阶段，2020 年 9 月开始首次生产，2021 年 11 月 23 日首枚核航弹完成组装。国家核军工管理局计划在 2022 年 5 月启动批量生产，2026 年完成全部生产任务。预计生产约 480 枚。

## 二、B61-12 核航弹性能特点分析

B61-12 是美军首型制导核航弹（图1），长约 3.6 米，重约 375 千克，爆炸当量可调（300 吨、1500 吨、10000 吨和 50000 吨），具备精度高、可钻地、与空中作战平台兼容性好等特点。

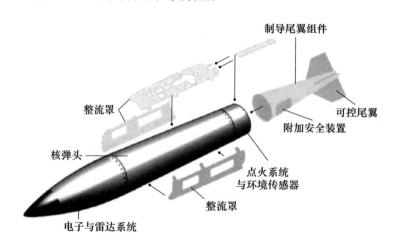

图 1　B61-12 核航弹结构示意图

### （一）打击精度大幅提升

B61-12 核航弹安装有一对稳定飞行姿态的自旋火箭发动机和制导尾翼组件，据估计圆概率误差可控制在 30 米，较现役 B61 核航弹（圆概率误差为 110~170 米）大幅提升。

自旋火箭发动机安装在 B61－12 弹体中部，F－35A 战斗机投掷 B61－12 的视频显示，B61－12 在滑翔下落过程中，自旋火箭发动机启动数秒，以保持弹体在下落时的纵向稳定性，从而保证打击精度。制导尾翼组件包括惯性制导装置和 4 个可控尾翼，通过机械结构与弹体装配在一起；尾翼组件设计不包括 GPS 接收器，但可与战机进行数据传输，战机在投掷 B61－12 前将把预先编码好的目标位置数据及数据更新信息传输到尾翼组件。

### （二）具备钻地打击能力

桑迪亚国家实验室此前发布的 F－15E 战斗机投掷 B61－12 的视频显示，B61－12 在自旋火箭发动机的作用下旋转、加速下落，命中目标区域时完全穿透地面。美国科学家联盟据此分析，B61－12 核航弹相比其替代的几型核航弹，具备一定的钻地打击能力。

核武器在地下起爆能够将更多的爆炸能量传递给地面，更加有效地摧毁地下目标。美国国家科学院关于"钻地武器和其他武器的作用效果"的研究发现，使用核武器摧毁地下目标时，在地下数米起爆造成的破坏力比在地面起爆放大 15~25 倍。美国科学家联盟据此估算，B61－12 核航弹在地下起爆时，对地下目标造成的最大破坏力与爆炸当量为 75 万~125 万吨的核弹在地面起爆的效果相当。

### （三）可由多型战机携带

B61－12 核航弹与空中作战平台的兼容性好，服役后计划配装 F－15E、F－35A、F－16C/D、F－16MLU、PA－200 等多型核常兼备战斗机，以及 B－2A、B－21 战略轰炸机。B61－12 核航弹与不同空中作战平台的兼容性测试工作由桑迪亚国家实验室、洛斯阿拉莫斯国家实验室、国家核军工管理局和空军合作开展，F－15E 战斗机、B－2A 战略轰炸机和 F－35A 战斗机已分别于 2020 年 3 月、7 月和 2021 年 10 月携带 B61－12 成功完成了全武器系统演示飞行测试,验证了与 B61-12 的兼容性。

## 三、几点认识

B61-12 核航弹是美空基核力量现代化的重要组成部分,美军将其视为保证空基核威慑的关键,该型核航弹服役后配装多型先进战机,将进一步增强美空基核威慑和核打击能力。

### (一)提升空基核力量的灵活性

美国现役 B61-3/-4 核航弹由核常兼备战斗机携带,执行非战略核打击任务,B61-7/-11 核航弹由战略轰炸机携带,执行战略核打击任务。B61-12 核航弹爆炸当量可调,能由多型战略轰炸机和核常兼备战斗机携带,既能执行战略核打击任务,也能执行非战略核打击任务,可根据打击目标、作战场景和任务需求灵活运用,将进一步提高美军空基核力量的灵活性。

### (二)显著增强空基非战略核打击能力

F-35A 战斗机采用了先进的气动设计和隐身设计,集成了先进的航电设备,具备良好的隐身性能和态势感知能力,内置弹舱可携带两枚 B61-12 核航弹。作为首型核常兼备的第五代战斗机,F-35A 相比目前 F-15E、F-16 等核常兼备战斗机,在高威胁环境下的生存能力更强,可更加有效地突破现有防空系统。携带打击精度大幅提升的 B61-12 核航弹,与加油机、侦察机及常规战斗机协同配合,可更加可靠地执行非战略核打击任务,显著增强美非战略核打击能力。

### (三)降低核武器使用门槛

B61-12 核航弹和核常兼备 F-35A 战斗机对美非战略核打击能力的增

强，可能使其在应对某些冲突或遭遇非核攻击时，更加实际地考虑使用非战略核武器发动一场有限核战争，以遏制冲突升级或取得战场优势。B61-12 核航弹打击精度的提升使美军采用较低爆炸当量便可实现预期核打击效果，满足军事需求，较低爆炸当量带来的附带损伤较小，并能够显著降低放射性尘埃的产生，这也将减少美军在使用核武器时的顾虑，降低核武器使用门槛，增加核战争爆发的风险。

## （四）未来可能抵近东亚地区部署

冷战时期，美国在亚太地区部署过大量非战略核武器，冷战结束后全部撤出，目前其空基非战略核武器主要部署在本土和部分欧洲国家。但随着美军不断加强在印太地区的军事部署，不排除未来将携带 B61-12 核航弹的核常兼备战斗机部署到印太地区，甚至在局势紧张之际部署或转移到东亚地区的可能，以在紧急情况下彰显核威慑。若美未来将携带 B61-12 核航弹的 F-35A 等核常兼备战斗机部署在日韩等国的空军基地，如韩国乌山空军基地、群山空军基地或在日本冲绳的基地，将直接对东亚地区构成威胁。

（中国核科技信息与经济研究院　袁永龙）

（北京航天长征科技信息研究所　付丽）

# 韩国潜射弹道导弹发展情况综合分析

## 一、最新进展

2021年9月1日和9月15日,韩国海军KSS-Ⅲ型潜艇"安昌浩"号(SS-083)两次成功试射"玄武"Ⅳ-4潜射弹道导弹(图1),韩国正式成为继美国、俄罗斯、英国、法国、印度、中国、朝鲜之后,第8个具备潜射弹道导弹能力的国家。"玄武"Ⅳ-4潜射弹道导弹射程500千米,搭载常规弹头,后将批量生产,帮助韩国形成海上威慑并完善精确打击体系,对半岛局势造成不利影响。

## 二、韩国弹道导弹发展历程

朝鲜战争结束后,韩美结成了军事同盟。根据相关协议,美国要求韩国接受"核保护"及军事支持的同时,承认美国对其开发核武、发展大规模杀伤性武器方面的指导作用。

图 1 "安昌浩"号潜艇及"玄武"Ⅳ-4 潜射弹道导弹

1979年，韩国与美国签订《韩美导弹指南》。指南规定，美国将向韩国提供技术援助，帮助韩国开发本国的导弹；而韩国则不得开发或者拥有射程超过180千米、弹头质量超过500千克的弹道导弹。

之后，《韩美导弹指南》经历过四次修改，具体情况如表1所列。

表 1 《韩美导弹指南》修改内容

| 序号 | 时间/年 | 射程限制/千米 | 弹头质量限制/千克 | 备注 |
|---|---|---|---|---|
| 1 | 2001 | 300 | 500 | |
| 2 | 2012 | 800 | 500 | 射程为800千米时，弹头质量不超过500千克；射程为300千米时，弹头质量不超过1.5吨 |
| 3 | 2017 | 800 | 不受限 | |
| 4 | 2020 | 800 | 不受限 | 解除对固体推进剂运载火箭的限制 |

2021年5月21日，在韩国总统文在寅访问美国期间，韩美两国达成协议，终止《韩美导弹指南》。今后韩国发展弹道导弹的射程和弹头重量都不再受到限制，韩国获得导弹发展主权。

"玄武"是韩国研发和生产的一系列对地导弹的代号，包括"玄武"Ⅰ、"玄武"Ⅱ系列和"玄武"Ⅳ弹道导弹，以及"玄武"Ⅲ系列巡航导弹（表

2),是韩国军方唯一实战部署的对地导弹。据国外媒体报道,韩国弹道导弹借鉴了美国"奈基"2防空导弹、俄罗斯"伊斯坎德尔"导弹、美国"潘兴"2导弹的相关技术。近年来,通过不断放宽导弹发展限制,韩国弹道导弹的射程和投掷质量不断增长。

表2 韩国"玄武"系列导弹参数

| 序号 | 型号 | 射程/千米 | 弹头质量/千克 | 备注 |
| --- | --- | --- | --- | --- |
| 1 | "玄武"Ⅰ | 180 | 500 | 1978年9月试射成功 |
| 2 | "玄武"Ⅱ-A | 300 | 500 | 2009年装备部队 |
| 3 | "玄武"Ⅱ-B | 500 | 1000 | 2015年6月试射成功 |
| 4 | "玄武"Ⅱ-C | 800 | 500 | 2017年7月试射成功 |
| 5 | "玄武"Ⅳ | 800 | 2000 | 2020年3月试射成功 |

注:表中未出现的"玄武"Ⅲ系列导弹为巡航导弹,主要借鉴美国"战斧"巡航导弹技术,韩国巡航导弹发展基本不受《韩美导弹指南》的限制,"玄武"-ⅢA/B/C射程分别为500/1000/1500千米,弹头质量500千克。

在2001—2016年期间,韩国先后研发成功了"玄武"Ⅱ-A/B/C三型导弹并已列装,其中"玄武"Ⅱ-A导弹的射程为300千米,战斗部500千克。"玄武"-ⅡB导弹射程为500千米,战斗部1000千克。而"玄武"-ⅡC导弹则是战斗部500千克,射程增至800千米。三型导弹都采用了有利于末端突防控制的双锥体弹头,具备精确制导能力。

最新的型号是"玄武"Ⅳ导弹,技术细节仍然保密,推测这款导弹的最大射程达1000千米,战斗部为2吨,可以携带毁伤能力更强的钻地战斗部或子母战斗部,采用了二级火箭发动机,战斗部改为4片三角形舵面。与"潘兴"-2和东风-15B导弹的制导战斗部原理一样,这是高精度弹道导弹在外形上的一个主要特征,全动的气动舵面可以在再入飞行过程中精确控制导弹的弹道,使导弹更准确地飞向目标,能够有效摧毁地下军事设施、指挥中心、机库等关键加固设施。

### 三、韩国潜射弹道导弹技术特征

此次完成试验的潜射弹道导弹"玄武"Ⅳ–4是以"玄武"ⅡB弹道导弹为基础改进而来的,射程约500千米,搭载弹头数量有限,主要用于常规潜艇。迄今为止,所有拥有潜射弹道导弹的国家都是核国家,而韩国是唯一一个拥有潜射弹道导弹而没有战略核武器的国家。

"玄武"Ⅳ–4在"玄武"Ⅱ–B的基础上进行了外形优化设计,其导弹外形变得更为细长。"玄武"Ⅱ–B弹道导弹的技术基础来自于俄罗斯的"伊斯坎德尔"弹道导弹。"玄武"–ⅡB陆基弹道导弹携带500千克弹头时飞行射程为500千米,采用单级固体火箭发动机,导弹采用复合制导方式,命中精度为50米左右,可携带多种常规战斗部,包括高爆弹头、子母弹等,可有效打击多种点目标。

"玄武"Ⅳ–4还保留着"玄武"Ⅱ–B陆基弹道导弹的一些特征,比如延续了四片尾翼的设计,只是将安装位置向上提升,对于潜射弹道导弹来说,弹筒结合就不会很紧凑,需要设计一个独立的密封底座,导弹出筒以后将密封底座抛掉(图2)。

"玄武"Ⅳ–4导弹采用水下冷发射技术,其水下发射技术很可能由美国直接提供。导弹使用燃气动力推动出筒,在水下无动力上升。"玄武"Ⅳ–4头部设计了一个钝型头罩(图3),这与苏联台风级核潜艇配备的R–39M导弹、印度K–15潜射导弹很相似,用于水下段飞行。出水以后,在海面以上,利用抛罩火箭发动机,向前侧抛出头罩,导弹调整为适合空中飞行的气动外形后,一级火箭发动机点火,随后导弹以弹道飞行,直至命中目标。

重要专题分析

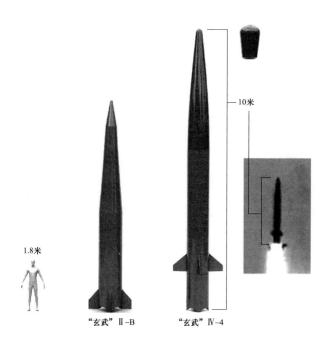

图 2 "玄武"Ⅱ-B 与 "玄武"Ⅳ-4 外形比较

图 3 "玄武"Ⅳ-4 潜射弹道导弹出水

韩国试射时展示了导弹精确命中目标靶心的画面，经分析，"玄武"Ⅳ-4 导弹具有精确制导打击能力（图4），可能采用惯性制导＋卫星导航（GPS/GLONASS）＋雷达区域相关制导末段修正，可以极大地提高其打击精度。

101

图4 "玄武"Ⅳ-4潜射弹道命中目标

## 四、分析与研判

**(一)韩国潜射弹道导弹射程能力尚有提升可能**

本次具备潜射能力的导弹是由"玄武"Ⅱ-B改进形成的,未来,韩国很有可能尝试研发更远射程的潜射导弹,发展以两级火箭发动机"玄武"Ⅳ中程弹道导弹为基础改进的潜射弹道导弹,射程增加到1500千米。但对于中近程潜射导弹研制来说,水下发射难度也会增加,韩国具备中近程潜射能力尚需一定时间。

此外,韩国潜射弹道导弹升级为核威胁的可能性较低。韩国在冷战期间试图研制核武器,但遭到美国制止。目前韩国继续研制核武器的可能性不高,"半岛无核化"是美韩的倡议,毕竟韩国若发展核武,日本必然也会跟进,东北亚核武发展将无法控制。

**(二)刺激日本发展军备,给日本扩充军备、自卫队修宪提供借口**

由于日韩竹岛争端及历史遗留问题,日韩关系一直不睦,韩国潜射弹道导弹的成功改变了日韩的军力对比,受东亚狭长地形影响,目前韩国常见导弹射程已经可以基本覆盖日本全境,进一步引发日本对自身国家安全的担忧,刺激日本提高军费,提高本国反导能力建设,加剧东北亚不稳定态势。

美国对韩国放宽限制的举措会助长日本发展航母及杀伤性武器的欲望,政府右翼冒险举动风险加剧,增强其与美谈判,以加强日美同盟为条件进一步博取拥有杀伤性前沿"自卫"武器的冒险举动。

### (三) 对国际社会导弹防扩散产生不利的影响

韩国潜射弹道导弹试射成功,意味着韩国相关技术验证的成功,目前韩国成功地在"安昌浩"号上实现了常规潜艇配装潜射弹道导弹,9月据相关新闻报道,韩国正以DSME3000型潜艇竞标印度海军P-57I项目,其垂直发射系统不仅适配布拉莫斯反舰导弹,也可装填小型弹道导弹。存在韩国将相关技术分享给印度等发展中国家,导致相关技术扩散的风险,另外,不排除伊朗、巴西、阿根廷等国家以此为理由推进本国导弹的研制计划,势必会对导弹防扩散产生不利影响。

### (四) 东北亚不稳定局势让美坐收渔翁之利

韩国潜射的成功对周边国家的部分政治和经济集中区域形成严重的威胁。在战略上无疑意味着原本已经极度复杂的东亚地缘政治、军备形势等,又被人为地增加了一块沉重的砝码,朝韩可能的军备竞赛,在东亚地区所带来的无数未知因素无疑给美国重返亚太,以保护与调停为借口介入东亚地区事务提供对其有利的理由。此外,朝韩、日韩间的对抗,必然会增大对美国军购的需求,从而让美国从中更大获利。

(北京航天长征科技信息研究所　张莹　刘畅)

# 美俄非战略核武器发展解析

近年来，美俄两国在重点保障战略核力量现代化的情况下，无一例外地将核研制、核部署、核运用的目光瞄向低当量核武器。美国能源部国家核军工管理局2021年12月宣布，首枚B61-12核航弹已完成组装，经测试认证后，将于2022年5月启动批量生产。俄罗斯"口径"反舰导弹、空基"匕首"高超声速导弹、Kh-102巡航导弹等均具备搭载战术核弹头能力。

从威慑及作战运用角度看，美俄发展的低当量核武器本质上均应归属于非战略核武器范畴。这与美俄基于自身威胁认知所采取的丰富核选项、强化区域威慑、提升核打击灵活性的军事政治意图不无关系。本文从非战略核武器的内涵出发，简述美俄当前非战略核武器的发展概况，重点分析其发展动因，并基于此提出几点启示借鉴。

## 一、非战略核武器的内涵

非战略核武器是一个复杂概念，当前美俄对其内涵未有统一认识。军控实践中，美俄通过定义战略核武器来反向界定非战略核武器。按美俄

《新削减战略武器条约》定义，战略核武器指的是"陆基洲际弹道导弹、战略核潜艇上携带的洲际弹道导弹、重型轰炸机上携带的核炸弹，及搭载的核弹头"，未在上述范围内的核武器则属于非战略核武器。此定义虽然绕开了对当量、射程等指标的复杂争论，但其并不具备概念普适性，仅为便利美俄条约谈判而量身定制。同时，其在划分上带有时代局限性，美俄后续发展的部分核武器就难以适用该定义。目前，美俄倾向于从任务承担角度来区分战略与非战略核武器，即战略武器主要承担对敌国威慑与作战任务，以摧毁和瓦解其战争潜力和战争意志为目的；非战略核武器则与区域威慑与作战紧密捆绑，主要是实现有限的军事政治目的。非战略核武器一般当量较低，美国部分战略核武器被用于支持区域作战时，可以理解为"战略武器的非战略运用"，在军力衡算时可纳入非战略核武器范畴。

## 二、美俄非战略核武器发展概况

美俄历史上都拥有丰富的非战略核武器研制部署经验。冷战期间美俄研制装备了多型非战略核武器，冷战结束后美俄虽然纷纷削减部分非战略核武器，但近年来美加紧补充，俄罗斯仍保有种类繁多的非战略核武器，同时两国都具有继续研发新型非战略核武器可能性。

### （一）美国非战略核武器发展概况

冷战期间，美国共研制装备了约40型非战略核武器，包括核炸弹、战术核导弹、核炮弹、反潜核武器、核地雷等，分别装备于海、空、陆军及海军陆战队。冷战结束后，美国逐渐对非战略武库进行大幅裁减，一度其武库中仅保留一种型号的非战略核武器，即部署于欧洲的B61系列核炸弹。

近年来，为了落实重回大国竞争的国家安全战略，美国开始加紧补充海空基非战略核武器。目前，美国现役核武库共有两型非战略核武器：除之前部署于欧洲的 B61 核炸弹外，又于 2020 年新增入役 W76-2 低当量潜射弹道导弹弹头。此外，按既定规划，美国正谋划增加两种非战略核武器：一是 B61-12 核炸弹，计划于 2025 年服役，届时，除替换欧洲部署的 B61-3/4 外，可能将在印太区域新增部署；二是新型海基核巡航导弹（SLCM），计划于 2030 年左右服役，目前正处于方案选型阶段，预计将搭载 W80 系列核弹头。

长远看，美国还具备发展陆基非战略核武器的潜力，非战略型谱仍有继续向上增补的空间。美国在 2018 年退出《中导条约》后，立即启动研制常规陆基中程导弹。从技术角度讲，美国依托以往的核中程导弹研发基础，在导弹及核弹头选型、研制上均不存在明显障碍，且形成作战能力所需时间不会太长，不排除美国进一步研发陆基核中程导弹的可能性。一旦核中程导弹成型，美国将具备部署"三位一体"非战略核武器的能力。

### （二）俄罗斯非战略核武器发展概况

冷战期间，苏联曾研制装备超过 50 型的非战略核武器，涉及炸弹、战术导弹、炮弹、鱼雷、地雷等种类。高峰时，苏联非战略核武库规模超过 15000 枚，配装于当时全部五个军种。冷战结束后，俄罗斯继承了苏联的大部分核武库，开始削减部分非战略核武器。

当前，为满足新形势下的国家安全需要，俄罗斯武库中仍保有种类繁多的非战略核武器。总体上看，俄罗斯非战略核武器主要包括两类：一是继承自苏联时代的非战略核武器。据美智库推测，该类武器数量约 2000 枚，装备于陆海空三军及防御部队，其中超过 70% 是海空基武器；二是近年来着力发展的三型非战略核武器。其中，空基"匕首"核弹道导弹主要用于抵消北约在欧洲部署的战区防御能力，海基"锆石"高超声速核导弹主要用于打击大型水面舰艇，陆基"伊斯坎德尔"中短程核弹道导弹主要用于支援地面部队的战区作战。目前，"匕首"及"伊斯坎德尔"已开始部署，"锆石"正处于研制阶段，预计 2022 年服役。

未来，基于国家安全需求的不断演变，不排除俄罗斯继续开发新型号非战略核武器的可能性。

## 三、美俄当前非战略核武器发展动因

冷战期间美苏非战略核武器更多被视为一种战场可用核武器。冷战后，非战略核武器的实战使用意图曾一度大为减弱。但近年来，美俄立足于新的国际形势及安全认知，逐步强化非战略核武器在国家安全中的作用。

### （一）美非战略核武器发展动因

随着俄罗斯的重新崛起、中国综合国力的快速提升，美国不断加强对中俄的防范与应对力度。一方面坚定推进战略核武器现代化，以确保整体战略核优势；另一方面着力扩充非战略核武器型谱，提升核威慑的灵活性与多样性，以在保持常规军力优势的前提下，重点遏止中俄非战略核武器的首先使用，达成"压中制俄"的总体运用目标。

在"压中"方面，美国当前增补非战略核武器主要有以下动机：

一是强化对中国区域威慑。冷战后，美国在印太区域长期未部署非战略核武器，区域威慑主要借助"战略核武器的非战略运用"，依赖 B-52 轰炸机携带的空射核巡航导弹上的低当量选项。随着中国核力量的发展及防空能力的增强，该选项的作战能力及可信性不断降低。发展 W76-2 及新型海基核巡航导弹（SLCM）两种海基核武器，可丰富美区域核威慑选项，增强核打击灵活性，由于具备强突防能力及高作战便利性，还可显著提升威慑可信性。考虑到未来可能部署到印太的 B61-12 及潜在可能发展的陆基核中程导弹，美国印太区域非战略"三位一体"一旦成型，可大幅增强美国威慑我国核反击能力。

二是达成潜在的军控企图。当前，美国在官方文件中频繁暗示新发展的海基非战略核武器具备"军控筹码"价值，在陆基中程导弹问题上，美军控界也已出现"参照冷战实践，以部署促谈判限制中国发展陆基中程导弹"的呼声。因此，以发展军备迫使中方接受军控谈判，既符合美国的惯常做法，也是其当前潜在企图。

三是支撑可能的战略使用。美国在印太区域抵近部署的非战略核武器在打击时敏目标及重要指控中心的能力上甚至优于部分战略武器。未来，随着中国核力量的发展及美对中战略核打击重视程度的增加，不排除美国未来考虑将部分非战略武器（尤其是潜射巡航导弹及陆基核中程导弹）纳入战略打击选项，以增强整体战略打击计划的灵活性。

在"制俄"方面，美国增补非战略核武器主要基于以下考虑：

一是抵消俄"升级促降级"战略。近年来，美国在官方文件中认定，鉴于美国缺乏对等响应的核选项，俄罗斯在面临欧洲地缘冲突且常规作战处于弱势时，将选择首先使用非战略核武器，以逼迫美方退却。因此，美国当前新发展的非战略核武器可有效增加其核打击选项，避免俄罗斯通过首先使用非战略核武器来获取军事优势的可能。

二是增强欧洲盟友向心力。非战略核武器作为美与北约盟友的"纽带"，为支撑美在欧洲的延伸威慑起到关键性作用。但随着冷战后局势演变，欧洲国家日渐出现对美国延伸威慑有效性的担忧。为此，美国在宣示上多次强调"只要核武器存在，北约就是一个核同盟"，建设上则需通过强化非战略核能力，来巩固对盟友的延伸威慑承诺。

三是实现军控意图。美国长期对俄罗斯非战略核武库保持高度关注,并认为双方在非战略核武器上存在显著"失衡"。历史上,美国曾多次试图将俄罗斯非战略核武器纳入军控限制,但均未能成功。当前,美国选择增补非战略核武器客观上可有效对冲双方的"失衡"现状,为未来可能的军控谈判创造条件。

## (二) 俄非战略核武器发展动因

当前,俄罗斯对其外部安全环境的判断日渐悲观,并将以美国为首的北约视为国家安全的最主要威胁源。面对综合国力及常规军力处于弱势的现实,俄罗斯选择了提高并倚重核力量在维护国家战略目标上的作用。为此,俄罗斯在优先保障战略核武器发展的前提下,追求并保持在非战略核武器上的对美数量及型谱优势。整体上看,俄罗斯战略核武器的发展动因:

一是军事上抵消北约常规优势。冷战结束后,俄罗斯一直在常规军力方面处于弱势。在目前北约常规进攻武器及反导系统部署日益逼近俄罗斯边境的情况下,俄罗斯不得不保持庞大的非战略核武库,借重核武器的杠杆作用,抵消北约常规优势。

二是政治上应对北约地缘挤压。当前,俄罗斯着力通过增强非战略核武器的区域威慑,来对抗北约东扩对俄地缘缓冲空间的蚕食。为此,俄罗斯在建设上将非战略核武器作为区域拒止能力的重要手段,力图布局围绕本土的近中远多层次、陆海空多平台的非战略核遏制能力体系;在运用上则模糊使用门槛,通过暗示使用非战略核武器增强对周边局势的掌控力。

## 四、结束语

从非战略核武器的内涵及美俄相关发展运用实践出发,可以看出非战略核武器威慑及作战起到的是战略效果。非战略核武器本质上是"战略性"武器,内涵十分复杂,其与战略核武器一定程度上可从承担威慑任务的角度进行区分。但是,就运用效果而言,美苏早在冷战后期就认识到,任何使用核武器的行为都可能导致冲突加剧,并蔓延到战场之外的地域和领域,从而显著地改变战略局势,处在当前日益复杂及不确定的国际整体核态势下更是如此。就此意义而言,任何核武器的运用都将导致"战略性"的后果。

(96658 部队　葛爱东　吕琳琳　张丹丹)

# 美国核弹头现代化进展及未来发展构想

2020年12月,美国国家核军工管理局发布2021财年《库存管理计划》,进一步披露核弹头现代化进展及未来发展构想,其中已完成项目2项,正在推进项目4项,未来发展构想6项。

## 一、美国核武库基本情况及核弹头现代化概念

### (一)核武库基本情况

截至2021年1月,美国核弹头总数约5550枚,其中部署约1800枚(战略核弹头1700枚,非战略核弹头100枚),未部署约2000枚,退役待拆解约1750枚。现役核弹头共7个型号、11个型别,其中陆基2型号、2型别(W78、W87-0),海基2型号、3型别(W88、W76-1/2),空基3型号、6型别(W80-1、B61-3/4/7/11、B83)。

### (二)核弹头现代化概念

美国库存核弹头均为20世纪80年代或更早生产,平均寿命超过30年。为确保暂停试验条件下核武库的安全可靠有效,美国从1995年开始实施

《库存管理计划》，采用三种方式对核弹头进行现代化升级：

改型（Alt），指有限范围内的改动，不改变弹头的作战能力；能够解决已知缺陷和部件过时问题。

延寿（LEP），指通过替换老化部件对弹头进行翻新；延长使用寿命的同时提高安全性和安保性，并修复缺陷。

改造（Mod），指改变弹头作战能力的更加全面的现代化升级，可以提高弹头的安全裕量；替换有限寿命部件，并解决已知缺陷和部件过时问题。

## 二、核弹头现代化进展及未来发展构想

### （一）近年已完成的项目

W76-1延寿。对W76-0进行翻新，将弹头使用寿命从最初设计的20年延长到60年，不改变作战任务和军事能力，已于2018年完成。

W76-2改造。应2018年《核态势评估》报告"发展低当量潜射弹道导弹"的要求，对少量W76-1进行低当量改造，已于2020年完成。

### （二）正在推进的项目

W88改型370。升级W88的解保、引信和点火系统以及常规高能炸药，增加避雷连接器，更换包括气体传输系统和中子发生器在内的有限寿命部件；计划2021年开始交付，2026年完成生产；将继续部署于"三叉戟"-Ⅱ D5潜射弹道导弹。

B61-12延寿。整合并替换B61-3/4/7/10四个型别（B61-10已于2016年退役），将继续使用B61-4的钚弹芯，并对核与非核部件进行复用、修复或替换；有3百吨、5千吨、1万吨、5万吨四种爆炸当量，集战略与非战略核打击任务于一体；计划2021年开始交付，2026年完成生产；将由

B-2A 和 B-21 战略轰炸机以及 F-15E 和 F-35A 在内的多型战机携带。

W80-4 延寿。替换 W80-1，将按原有设计重新生产钝感高能炸药，广泛使用为其他核弹头延寿开发的非核组件；计划 2024 年开始交付，2031 年完成生产；将由新一代远程防区外空射核巡航导弹搭载。

W87-1 改造。替换 W78，核物理包和再入体的设计与 W87-0 相似，将采用新的铸造工艺重新生产钚弹芯，以钝感高能炸药换装常规高能炸药；计划 2030 年开始交付，2038 年完成生产；将部署于"陆基战略威慑"系统（新一代陆基洲际弹道导弹）。这是美国首个不经核试验鉴定、采用新工艺新生产钚弹芯并同时大幅改动主炸药和引爆控制系统的核弹头现代化项目。

**（三）为未来设想的项目**

海基巡航导弹弹头。2018 年《核态势评估》报告要求"重新开发现代化的、具备核能力的海射巡航导弹"。美国国家核军工管理局正与国防部合作开展海射巡航导弹弹头的方案论证工作，计划 2029 年开始生产。由于美现役仅空基 W80-1 一型巡航导弹弹头，因此海基巡航导弹弹头可能在 W80-1 及其延寿型号 W80-4 的基础上进行改进。

海基 W93。2020 年 2 月，美国国家核军工管理局首次提出 W93 项目。2021 财年《国防授权法案》批准拨款 5300 万美元用于该弹头研发。这是美国暂停核试验后，提出并研发的首个全新型号核弹头。此前，外界普遍猜测 W93 可能是现役海基 W76 或 W88 的替换型号。美国国家核军工管理局在 2020 年 5 月提交国会的文件中指出，W93 是一种新型核弹头，是对现有海基能力的补充。2021 财年《库存管理计划》也明确提出了 W76 和 W88 各自的现代化替换项目，再次表明 W93 不是对现有海基型号的替换，而是一种全新型号。

未来海基战略弹头用于替换海基 W88。

潜射弹头。用于替换 W76-1/2。根据 2018 年《核态势评估》报告的要求，W76-2 低威力潜射弹道导弹弹头是一种为应对当前威胁的快速应急选项，长期而言美国将部署海射巡航导弹。因此尚不确定潜射弹头会否保留类似 W76-2 的低威力选项。

未来陆基战略弹头。用于替换陆基 W87。鉴于 W87-1 尚处于可行性研究阶段，2030 年才开始交付，因此陆基战略弹头很可能用于替换老化的 W87-0。

未来空投弹头。B61-12 的后续型号，之前也被称为 B61-13。

关于这些项目，2021 财年《库存管理计划》明确表示，"这是为本世纪 30 至 40 年代规划的"。

## 三、启示分析

### （一）美国核弹头现代化进程表明其核武器设计能力持续发展

1992 年暂停核试验和停止生产新核武器后，由于核武库中每种型号弹头都经过核试验验证，在一段时期内，美国核武器延寿及维护有效性的途径主要是更换有限寿命部件；后随着核武器技术发展，为确保核武器安全安保可靠，提高作战性能，美国敢于更换主炸药及引爆控制系统、采用超级引信等；下一步计划不经核试验鉴定，采用新工艺新生产钚弹芯；未来更是考虑研制新型号。这表明美国依赖高科学置信度数值模拟、实验室精密试验、次临界实验等手段发展核武器的技术能力正不断提高。

### （二）部分计划能否顺利实施面临较大不确定性

民主党一贯反对发展新型核武器。奥巴马政府曾在 2010 年《核态势评估》报告中提出"不新研核弹头、不对现有核武器增加新军事能力、不新增核武器作战任务"的"三个不"政策。拜登在竞选期间明确表示,"美国不需要新的核武器。在《库存管理计划》支持下,当前的核武库足以满足威慑和盟友的需求"。未来,美国国家核军工管理局新提出的多个新型号弹头能否得到支持尚存在不确定性。然而,美国以核力量绝对优势巩固其霸权地位的做法不会改变。

**(三) 2035 年前陆海海空基核威慑与打击能力显著提升**

2035 年前,美国明确在研的核弹头延寿项目将基本完成,显著提升核武库安全性、可靠性和使用寿命,集成先进技术的同时,配合新一代陆海空基运载系统战备值班,可显著提升美国核威慑与打击能力。

(中国核科技信息与经济研究院　赵松)

# 美国国家点火装置惯性约束聚变实验取得重大突破

2021年2月,美国国家点火装置开展的惯性约束聚变实验的聚变放能超过了150千焦,实现了"燃烧等离子体"里程碑目标。"燃烧等离子体"的实现意味着氘氚等离子体的加热由聚变反应产生的α粒子的自加热主导,是聚变向实现"燃烧波"、进而实现"点火"目标的前提条件。紧接着8月开展的一次实验的聚变放能超过1.35兆焦,相比于2018年创纪录的聚变放能提高了约25倍。这一能量达到触发该过程的激光脉冲能量的70%,意味着美国国家点火装置的惯性约束聚变研究接近核聚变"点火",即聚变反应所产生的能量等于或超过输入能量。实验结果表明实验室可控聚变点火理论基本得到了实验验证,提振了美国在实验室实现可控聚变点火的信心。

## 一、基本情况

国家点火装置(以下简称NIF)是禁核试后美国国家核安全管理局(以下简称NNSA)兴建的旗舰型高能密度物理研究装置,其首要目标是在实验室实现可控聚变点火,即通过激光驱动惯性约束聚变,实现聚变放能大于驱动聚变的激光能量。NIF 装置于 1993 年立项,1997 年动工建造,2009 年建造完成,2012 年输出能力达到 1.8 兆焦、500 太瓦的设计指标。NIF 实现点火的基准方案是间接驱动,即激光束从柱形黑腔两端注入并辐照黑腔壁产生 X 射线,然后利用 X 射线驱动填充氘氚燃料的球形靶丸内爆以实现聚变点火。

自建成以来,NIF 装置开展了大量实验研究,尽管未能在实验室实现可控聚变点火的目标,但内爆实验的对称性、内爆压力、燃料面密度等性能不断提升,为开展进一步实验研究奠定了基础。2021 年,NIF 聚变点火实验取得了重大突破——在 1.8 兆焦激光能量驱动下,惯性约束聚变实验实现了 1.3 兆焦的聚变放能。该结果意味着 20 世纪 60 年代至 70 年代提出的激光驱动惯性约束聚变概念没有根本性的错误。

NIF 装置在短时间内取得了突破"燃烧等离子体"里程碑目标,非常接近点火阈值的重大进展,主要得益于以下成果:一是采用创新的实验设计,增加了靶丸的尺寸,减小了激光入射的孔径;二是利用先进的核、X 射线以及光学诊断设备所获取的数据,增强了对惯性约束聚变内爆性能的认知;三是基于实验的建模和仿真能力增强,为实验设计提供了帮助;四是提高了激光诊断的准确性、光束质量,对称性控制获得显著改进。纵观 NIF 点火研究十多年的历程,美国在探索前沿科学领域尤其是实验室可控聚变点火方面的做法具有重要参考借鉴意义。

## 二、影响分析

### (一) 将促进 NNSA 对其惯性约束聚变规划作出重大调整

2021 年是 NIF 在 NNSA 新的惯性约束聚变规划指导下追求实验室聚变

点火新周期的元年。新的惯性约束聚变规划基于 2020 年完成的关于惯性约束聚变项目的两项重要评估。第一个评估是国会授权国防咨询小组（JASON）开展的关于惯性约束聚变对武库维护价值的外部评估，结论是"对核武库维护具有重要价值"。第二个评估是 NNSA 关于惯性约束聚变项目的内部评估，结论是"当前的实验能力很难实现点火"。

当前，在 NIF 实验非常接近点火阈值且实现点火可期的情况下，NNSA 预计将调整其惯性约束聚变战略的目标和研究策略。单就惯性约束聚变实验而言，短期目标将是实现实验室可控聚变点火，长远目标将是基于 NIF 装置开发满足核武库维护需求的平台。而基于 NIF 兴建下一代高能密度装置的计划将会被推迟；为拥有在实验室实现可控聚变点火能力而推出的激光间接驱动、激光直接驱动以及磁直接驱动内爆等多方案并举的策略也将会作出相应调整。

**（二）可能会对法国、俄罗斯的聚变激光项目产生影响**

受美国建造国家点火装置影响，法国和俄罗斯先后于 2003 年和 2012 年立项并开始建造本国的激光点火装置。法国的激光点火装置原计划 2012 年建成，但受美国国家点火装置一直未能实现点火目标的影响，法国对其装置建造和实验规划进行了重大调整，采用了逐步集成以及采用不同于 NIF "点火基准"设计的总体思路。NIF 实现重要里程碑目标的突破，可能会加快法国集成激光聚变点火装置的步伐。俄罗斯正在兴建激光点火装置，其点火基准设计与 NIF 截然不同，但参考 NIF 的惯性约束聚变方案，俄罗斯可能也会对其方案进行调整。

## 三、几点认识

（1）在前沿探索领域，美国不以能否实现终极目标为唯一评判标准的科研文化，为实验室探索可控聚变这一人类面临的最大科学技术挑战提供了宽松的科研氛围。美国国家点火装置的首要目标是在实验室实现可控聚变点火。2012年年底结束的旨在国家点火装置上实现点火目标的国家点火攻关，性能最好的内爆实验的聚变放能仅为2千焦；2018年之前，性能最好的内爆实验的聚变放能长期徘徊在50千焦左右；2020年，劳伦斯·利弗莫尔国家实验室甚至发布了需要将激光器的输出能量提高2~3倍才能实现点火的结论。即便如此，美国国会、政府并没有叫停甚至关闭NIF装置。NIF点火研究继续获得国会的经费支持，这也为一线科研人员继续在这一挑战性领域开展研究，提升认知、以渐进的模式靠近、突破里程碑式目标创造了轻松的环境。

事实上，自激光问世以来，美国兴建了一代又一代激光装置，在激光器技术、等离子体物理方面进行了深入探索。在拥有NIF实验平台后，针对制约激光等离子体相互作用以及流体力学不稳定性等惯性约束聚变面临的特定问题进行了深入研究，其对这些问题的理解更加深入、对如何规避或者缓解这些效应有了更成熟的方案。此外，NIF装置在吸引世界顶尖人才、培养下一代武库维护人员方面的作用也是无可替代的。

（2）美国国家层面的规划从急于求成转向了稳步推进，且不再设置明确时间节点的策略，有利于一线科研人员以提高认知、增强理解、改进设计的方式稳步推进点火研究。2009—2012年，美国开展了旨在NIF上实现点火的国家点火攻关，在物理认知、模拟预测能力均欠缺的情况下，围绕"基准设计"的不断改进进行的研究未能成功，且距实现点火目标相差甚远。随后，在以缓解、解决发现的阻碍实现点火的关键物理、工程问题为导向，辅之以大数据分析、机器学习等先进设计手段，以获得准确清晰物理认知，提升模拟预测能力，稳健推进点火研究的"营地"策略的指导下，

NIF 点火实验先后经历了高脚内爆攻关、大脚内爆攻关、HDC 靶丸内爆攻关，直至此次实现了里程碑式突破的高产额大半径内爆设计攻关，这些攻关以不断迈上新台阶的方式推进。

（3）国家实验室特别适合重大国家问题的集智性长期攻关。激光聚变需要协调材料、光学、精密制造、设备和模拟等领域的专业知识，同时需要与其他实验室、大学和私营部门建立伙伴关系。劳伦斯·利弗莫尔国家实验室牵头的激光惯性约束聚变研究，集成了来自多个国家实验室、大学以及公司的科研力量，通过不同研究团队的协作，共同推进 NIF 点火研究。在激光器性能早早达标的情况下，十多年来，NIF 激光器工程团队一直就提升装置运行效率，降低运行成本等不断改进方案；诊断设备研发团队不断根据需求，开发、部署能够彻底革新诊断能力的技术和设备；靶制备团队不断提升靶制备和表征能力，此次 NIF 实现的里程碑式成就，是在激光器、诊断、制靶、实验设计等团队共同协同下实现的。

（4）NIF 实现点火的前景可期，且将核在武库维护方面发挥更大的作用。1.3 兆焦的聚变放能仅是部分创新性方案的集成，在改进内爆性能，提升聚变放能的"工具箱"中，还有多项已经开展了实验研究但尚未应用的方案，如脉冲整形、磁化以及将激光器能量输出提高到 2.6 兆焦等。NIF 聚变产额数量级的提升，有望提升间接驱动条件下探测材料性能的压力范围；有望在更高的温度条件下开展辐射输运和不透明度研究；有望利用更高通量的 X 射线和中子源开展核生存能力研究。

（中国工程物理研究院科技信息中心　赵彦生）

# 美国高度重视太空核动力技术发展

近年来，美国密集出台多个太空核动力技术战略政策文件，积极推动太空核动力在国防和太空探索领域应用，加速发展新型太空攻防对抗能力。太空核动力作为重要的战略前沿技术，将为美国备战太空与未来载人深空探索提供重要支撑，值得高度关注。

## 一、太空核动力技术的特点

太空核动力是利用核能转化产生的电能或热能，为航天器载荷与平台提供电源和推进动力，包括核电源技术和核推进技术。其中，核电源技术主要分为两类：一是放射性同位素热/电源，即利用放射性同位素衰变热转换为电力给航天器供电，可满足几百瓦以内的电力需求，主要用于弱光照环境、功率需求不大的深空探测任务；二是太空核反应堆电源，利用核反应堆可控裂变产生的核能转换为电力，可满足千瓦至兆瓦级以上的电力需求，用于轨道、星表、运输、深空探测等多种太空任务。核推进技术也主要分为两种：一是核热推进，核反应堆产生的热量直接将推进剂加热到高温，从喷嘴喷出产生推力，比冲可高达 1000 秒，推力可达几吨至几十吨；二是核电推进，将核反应堆产生的热量转化为电能，随后将推进剂电离产生带电离子从喷嘴喷出产生推力，比冲可高达 10000 秒以上，但推力相对较低。

与常规能源相比，太空核动力具有如下明显优势。一是功率大。太阳能电源最多可满足几十千瓦功率需求；太空核反应堆电源可实现一百千瓦以上长期供电，在天基束能武器高频次攻击、大功率微波遥感等军事领域，具有不可替代的作用。二是环境适应性好。传统太阳能电池依赖光照，在太阳阴影、火星表面沙尘、深空环境下无法工作，而太空核反应堆电源可全天时、全天候连续工作。三是大推力、高比冲。核热推进推力可超过 900 千牛，比冲超过 900 秒（是目前化学火箭的 2 倍），可将去往火星时间缩短一半，满足未来载人深空探测和大范围轨道机动需求。

## 二、美国太空核动力技术发展主要动向

### （一）太空核动力技术发展顶层战略体系初步形成

美国将太空核动力视为战略核心技术，近年来密集发布战略政策文件，从国家顶层加以推进。2020 年 12 月，时任美国总统特朗普签署"太空核动力与推进国家战略"6 号太空政策令，将铀燃料制造、月球表面反应堆电源示范运行、核热推进技术具备工程研制条件、开发更先进的放射性同位素电源列为美国未来的四大发展目标；同月，美国白宫发布《国家太空政策》，明确了美国国家航空航天局（NASA）、国防部和能源部在太空核动力发展和应用中应发挥的作用；2021 年 1 月，美国发布"推动小型模块化反应堆用于国防与太空探索"总统行政令，提出将研发用于国防和太空探索

的小型模块化核反应堆；同月，美国能源部发布《太空能源战略》，提出发展下一代放射性同位素电池、新型星表太空核裂变电源系统和核热推进系统，以支持美国的太空安全与太空探索工作。这些战略文件详细规划了美国太空核动力未来发展的总体目标，明确了各个太空核动力系统的发展路线图以及各部门职责，解决了当前美国太空核动力技术研发向型号工程过渡面临的政策瓶颈。

### （二）核热推进仍处于关键技术攻关阶段

美国从 1955 年开始核热火箭研发工作，先后实施"核火箭发动机计划""火箭飞行器核发动机计划""太空核热推进"等项目，完成了核热火箭发动机地面点火试验。由于缺乏明确需求以及技术难度较大，这些项目先后终止。近年来，为适应快速运送大质量载荷行星际探索和未来深空作战需要，美国重启核热推进技术项目。

2021 年 4 月，美国国防高级研究计划局（DARPA）选定通用原子公司、蓝色起源公司和洛克希德·马丁公司，正式开始实施"机动地月作战火箭演示"项目。该项目将开发并演示基于核裂变高含量低浓铀核热推进系统，计划于 2025 年进行飞行演示验证。高丰度低浓铀（铀 235 丰度 5%～20%）是美国在《推进小型模块化反应堆用于国防和太空探索的行政令》中明确提出要重点研发的新型核燃料，其反应堆功率水平与高浓铀基本一致，且不违反《不扩散核武器条约》。该项目将重点演示验证核燃料增材制造技术、在轨装配等关键技术，计划 2025 年开展在轨试验。

2011 年，NASA 启动核热推进论证开发项目，重点开展燃料选型、概念设计、方案编制等。目前该项目选择技术更为成熟的石墨复合材料作为燃料，以小推力发动机为重点，开展反应堆建模、概念设计等工作。美国国会 2021 财年为该项目拨款 1.1 亿美元，其中 8000 万美元用于设计可进行飞行演示的核热火箭样机。2021年7月，NASA授予BWX技术公司、通用原子电磁系统公司、超安全核技术公司1500万美元合同，分三个团队分别开展可用于核热火箭发动机的核反应堆原型研发，并确立发动机及其子系统的性能要求。美国计划2020年代末完成核热推进关键技术攻关，2039年将能够利用比冲900秒、推力445千牛的核热推进系统，实现载人登陆火星并返回。

2016年之前，美国对核热推进的开发一直是基于高浓铀开展的，仅有少量研究是针对高丰度低浓铀进行的。现缺乏基于高丰度低浓铀设计的核热推进反应堆的实验数据，用于反应堆建模和仿真的各种耐高温材料的数据非常有限，推进剂和核燃料间的相互作用也存在很大的不确定性，需要进行大量的测试工作和长期实验积累。

### （三）紧凑型核反应堆电源完成地面验证

为实现月球资源未来的长期利用与开发，美国重点发展星表紧凑型核反应堆电源。2018年5月，美国完成行星基地任务用的"千瓦级核动力"系统样机地面测试工作。"千瓦级核动力"系统利用核裂变反应堆产生的热能，带动"斯特林"发动机产生电能，输出功率可在1~10千瓦范围调整。通过模块化部署多个10千瓦级核反应堆电源，可满足未来载人火星探索需要。目前，美国已着手研发更大功率的星表核反应堆电站。2020年7月，美国能源部和NASA联合发布招标书，提出研制功率不低于10千瓦、质量不超过3.5吨的核反应堆电站。预计到2027年，美国将完成星表核反应堆电源在月面的飞行演示验证，满足2028年之后月球长期驻留与月球资源开发对于电力的需求。

### （四）放射性同位素电源已在太空探索领域广泛应用

近年来，美国一直在研制两种先进的放射性同位素电源——多用途放射性同位素电源和先进斯特林放射性同位素电源。2021年2月，装备多用途放射性同位素电源的"毅力"号火星车成功着陆火星表面。该电源电功率约110瓦，设计寿命14年。美国明确提出，2030年前至少开发一种具有更高燃料效率、比能量、运行寿命的下一代放射性同位素电源，保持领先优势。

## 三、影响分析

太空核动力技术的发展将实现太空力量的"动力革命"，推动美太空力量从近地（地球）轨道向深空拓展，对太空攻防技术发展产生颠覆性影响。

**（一）将大幅提升美国太空轨道攻击和对地探测能力，直接威胁对手太空系统与重要战略目标安全**

在未来的太空轨道作战中，天基激光武器由于具有远程、精确、秒杀等作战特点，将可能成为首选武器。要实现全球中低轨道的覆盖，天基激光武器需部署24颗卫星且激光武器射程为4000千米，这就要求每颗卫星搭载激光器功率至少需要25兆瓦。现有的天基太阳能电池根本无法提供如此高的电力供应，唯有输出功率达到兆瓦级的太空核反应堆电源才能满足需求。未来美国天基激光武器一旦实用化，将具备对对手在轨卫星及信息链路的软硬杀伤能力。

极高分辨率天基雷达对卫星平台提出了数十千瓦甚至兆瓦的功率需求，目前基于太阳能电池的卫星平台很难实现，而装备太空核反应堆电源的卫星平台可满足这一需求。未来美国地球同步轨道天基雷达一旦实用化，将可实现对对手重要目标和导弹发射的全天时、全天候、近实时侦察预警和精确打击。

**（二）强化地月空间威慑和实战能力，遏控地月空间门户**

由于站位更高、视野更宽、隐藏更深，地月空间正在成为太空战略博弈新的制高点。2020年3月，美国太空军作战司令部司令表示，美国太空军要具备地月空间及月球轨道以外的态势感知能力。美国太空军正在发展下一代太空体系架构，明确威慑层将由地月轨道机动飞行器组成，实施地月空间目标感知与快速进出机动。地月轨道机动飞行器需具备频繁的变轨机动能力，而传统的动力及能源保障模式无法满足需求。核动力装置比冲可达到900秒以上，具备更强的轨道机动能力，满足多用途天基作战航天器快速、大范围轨道机动要求。

地月轨道机动飞行器平时可作为轨道转移飞行器，有效实现低轨与高轨之间的物资运输；战时则成为灵活的太空作战平台，遏控地月空间门户，携带多种太空攻防载荷，实施天对地或天对天打击。

**（三）为美国太空资源争夺提供更强有力技术支撑，实现太空资源垄断**

作为强化太空领导地位的重要举措，美国正在积极打造太空资源开发联盟，联合多个国家谋划在月球南极建设"阿尔忒弥斯营地"，开展月球资源开采和原位资源利用，这将需要100千瓦甚至兆瓦级的持续高功率能量供应。一旦美国在月球或其他星体部署和运行小型模块化反应堆，将显著增强美国对月球、火星和其他星体的可持续探索能力，为美争夺太空资源提供有力支撑。

（军事科学院军事科学信息研究中心　方勇　廖小刚　侯勤）

# 美国近10年军用氚生产成本估算及分析

军用氚是美国核力量建设的重要战略材料,是美国目前唯一正在生产的军用核材料。根据对近10年美国军用氚经费与生产数量的统计与推算,美国使用商用轻水堆生产军用氚的成本至少为每克26万美元。虽然重水堆产氚售价较低,但是从建造成本与氚产量两个维度来看,轻水堆产氚经济性高于重水堆,产氚技术更为高效经济。

## 一、历史情况

氚在自然界中的含量极低,必须通过人工制备。氚的半衰期为12.3年,每年因衰变而损失5.5%,不能无限期地储存,因此需要定期对核武器补充氚材料。1953—1955年,美国建成5座重水生产堆,专门生产军用氚。但由于大型重水堆的建造和运行费用高昂,仅早期在美国成批建造。1988年,由于安全和运行问题,重水堆停止运行,美国失去军用氚生产能力。

此后,为补充因衰变而损失的氚,美国将退役核武器中卸出的氚处理后重新用于核武器。但据估算,采取该措施,氚只能供应至2005年,不能满足长远需求。为此，20世纪90年代美国启动产氚方案研究，详细评估了加速器产氚、新建商用轻水堆产氚和使用现有商用轻水堆产氚三种方案的经济性，其中使用现有商用轻水堆产氚成本最低、影响最小。1998年，美国宣布使用现有商用轻水堆产氚为首选方案，并指定使用田纳西河流域管理局（以下简称为TVA）"瓦茨巴"1号机组。TVA是美国最大的国有电力公司，肩负为国防目的而采取行动的义务。2003年至今，能源部一直利用商用轻水堆生产军用氚。

## 二、生产概况

商用轻水堆产氚涉及以下5个环节：一是产氚可燃吸收棒（以下简称为"产氚棒"）设计，由西北太平洋国家实验室负责，并在爱达荷国家实验室的先进试验堆进行测试；二是产氚棒制造，为期9个月，由西屋电气公司负责；三是产氚棒辐照，在TVA商用轻水堆"瓦茨巴"1号和2号机组进行，辐照周期为18个月，靶中的锂-6吸收中子后生成氚；四是产氚棒运输，由美国NAC核设备公司负责将辐照后的产氚棒运至萨凡纳河工厂；五是产氚棒提取，为期6个月，在萨凡纳河工厂使用氚提取装置提取氚，纯化后得到符合核武器使用要求的纯净氚。

2015年，核武器委员会对军用氚需求进行了评估（表1），认为需要在2025年前将产氚能力提高到每个辐照周期（18个月）生产2.8千克，以保障长期供应。为此，能源部逐步提高"瓦茨巴"1号机组的产氚棒辐照数量，2020年春季辐照数量提升至最大限额；与此同时，2020年秋季启用"瓦茨巴"2号机组，两座反应堆共同产氚，并逐步提高辐照数量，计划在2023年提升至最大限额的50%。

表 1　美国生产军用氚详细情况

| 燃料循环（次） | 时间 | 反应堆 | 产氚棒/根 | 平均氚产量/（克/根） |
|---|---|---|---|---|
| 6① | 2003年秋季—2005年春季 | "瓦茨巴"1号机组 | 240 | 0.974 |
| 7 | 2005年春季—2006年秋季 | "瓦茨巴"1号机组 | 240 | 0.972 |
| 8 | 2006年秋季—2008年春季 | "瓦茨巴"1号机组 | 240 | 0.911 |
| 9 | 2008年春季—2009年秋季 | "瓦茨巴"1号机组 | 368 | 0.949 |
| 10 | 2009年秋季—2011年春季 | "瓦茨巴"1号机组 | 240 | 1.000 |
| 11 | 2011年春季—2012年秋季 | "瓦茨巴"1号机组 | 544 | 0.893 |
| 12 | 2012年秋季—2014年春季 | "瓦茨巴"1号机组 | 544 | 0.996 |
| 13 | 2014年春季—2015年秋季 | "瓦茨巴"1号机组 | 704 | 0.980 |
| 14 | 2015年秋季—2017年春季 | "瓦茨巴"1号机组 | 704 | 0.864³ |
| 15 | 2017年春季—2018年秋季 | "瓦茨巴"1号机组 | 1104 | 无数据 |
| 16 | 2018年秋季—2020年春季 | "瓦茨巴"1号机组 | 1584 | 无数据 |
| 17 | 2020年春季—2021年秋季 | "瓦茨巴"1号机组 | 1792 | 无数据 |
| 18 | 2021年秋季—2023年春季 | "瓦茨巴"1号机组 | 1792 | 无数据 |
| 4② | 2020年秋季—2022年春季 | "瓦茨巴"2号机组 | 544 | 无数据 |
| 5③ | 2022年春季—2023年秋季 | "瓦茨巴"2号机组 | 864 | 无数据 |

注：①"瓦茨巴"1号机组1996年开始运行，从第6次燃料循环开始产氚；②"瓦茨巴"2号机组2006年开始运行，从第4次燃料循环开始产氚；③估计数据。

## 三、成本估算

美国生产军用氚的全部经费出自能源部下属的国家核军工管理局。国家核军工管理局专设子项"氚现代化"项目，经费涵盖氚材料生产所有流程，包括产氚棒设计、产氚棒制造、产氚棒辐照、产氚棒运输和产氚棒提取。随着美国扩大氚材料的生产，产氚经费不断上涨，根据能源部的年度预算报告，近10年产氚经费共16.45亿美元（表2）。

表2　近10年美国军用氚经费统计　　　　　　　　　单位：亿美元

| 财年 | 2012 | 2013 | 2014 | 2015 | 2016 | 2017 | 2018 | 2019 | 2020 | 2021 | 总计 |
| --- | --- | --- | --- | --- | --- | --- | --- | --- | --- | --- | --- |
| 拨款 | 0.63 | 0.60 | 0.80 | 1.40 | 1.05 | 1.10 | 1.98 | 2.90 | 2.87 | 3.12 | 16.45 |

2017年，能源部西北太平洋国家实验室公布了每根产氚棒氚产量的详细数据。西北太平洋国家实验室计算得出平均每根产氚棒可生产0.949克氚。据此推算，2012—2021年的近10年，美国共辐照6976根产氚棒，生产约6759.55克氚，产氚经费共16.45亿美元，那么生产1克氚的成本至少为24.34万美元。

美国使用商用轻水堆产氚，除了运行成本外，还有最初设计和建造氚提取装置的费用。2006年，氚提取装置建成，费用为5.06亿美元，设计使用寿命为40年。将氚提取装置的费用平摊至每年为1265万美元，那么每克氚的平均成本至少为26.21万美元。

## 四、路线选择

相比于商用轻水堆生产军用氚的成本，重水堆生产民用氚的售价很低，近年来稳定在每克约3万美元，2012年《今日物理》杂志称每克氚3.38万美元，2021年美国核聚变专家指出每克氚约3万美元。然而，如果算上所有费用，重水产氚的成本约为每克氚21万美元。重水堆中产生的氚是核电厂发电的副产品，没有任何生产成本，3万美元的成本主要为氚的储存和运输。

从建造设计到投运生产全周期分析,美国使用商用轻水堆生产军用氚的经济性高于重水堆,主要表现在以下两方面。

一是重水堆建造成本高。1993 年美国考虑过两种重水堆生产军用氚方案,第一个是重启产氚重水堆,4 年需要 13 亿美元,第二个是新建一座产氚重水堆,建造费用为 48 亿美元,远高于 1998 年能源部评估使用商用轻水堆产氚运行 40 年所需的 18 亿美元,而且只能满足一半甚至更少的军用氚需求,设计建造时间需要 12~15 年,最终放弃。此外,重水生产成本高,重水生产费用占加拿大达灵顿四座重水堆建造费用的 11%,约 15 亿美元。

二是重水堆氚产量低。重水中子俘获截面小,不如锂-6 吸收中子效率高。2021 年美国核聚变专家称,加拿大达灵顿核电厂拥有四座电功率为 878 兆瓦的重水堆,总氚生产能力约为 130 克氚/年。美国拥有两座电功率为 1150 兆瓦的商用轻水堆,每座轻水堆每个辐照周期(18 个月)最多可辐照 1792 根产氚棒,平均每根产氚棒可生产 0.949 克氚,那么一座商用轻水堆氚生产能力约为 1134 克/年,约是四座重水堆的 9 倍。

## 五、特点分析

### (一)技术先进,国际领先

美国商用轻水堆靶件辐照产氚技术是 20 世纪 80 年代后逐步发展起来的新型产氚工艺,也是当时美国评估各种方案中最为高效经济、影响最小的一种。经过约 40 年的发展,美国这一产氚技术日趋成熟。

### (二)投资量少,生产量大

美国生产军用氚材料,无需耗费巨资新建设施,而是利用现有商用轻水堆,稍加改动,则能产氚;若需扩大氚的产量,新增一座商用轻水堆即可。较之传统反应堆产氚方式，美国使用商用轻水堆产氚灵活性高，产量较大，成本较低，最为经济。

**（三）寓军于民，长期供应**

使用商用轻水堆生产核武器材料，寓军于民，资源共享，相互促进。美国将民用核工业作为核武器材料生产的协作配套模式，提高资源利用效率，降低材料生产成本，保障军用氚的长期可靠供应，确保国防安全。

## 六、几点认识

（1）对于战略核材料，美国对军用氚材料的需求最为紧迫。由于氚的半衰期较短，加之美国目前没有自主铀浓缩能力，军用氚材料面临较大压力。美国为生产足够数量的军用氚材料，研发出经济性较高的新型产氚技术，以较低的生产成本确保军用氚材料充足供应。

（2）美国利用商用轻水堆辐照靶件产氚技术与重水提氚、生产堆产氚等其他技术相比，具有效率高、成本低、综合性能好、技术成熟等优点，目前处于世界前沿水平。美国当前大幅扩大军用氚材料的生产，可满足到21世纪30年代之后核武器发展需求，维护美国作为世界核大国的霸主地位。

（中国核科技信息与经济研究院　高寒雨）

# 美国空间放射性同位素电源应用现状与发展前景

2021年2月,安装有1台多任务放射性同位素电源的美国"毅力"号火星车成功着陆火星,开启探测活动。美国是世界上最早开始研发空间放射性同位素电源的国家,整体技术能力和应用经验处于世界先进水平。近期动向显示,美国正着手提升放射性同位素电源技术能力和使用频次,提高对未来关键性太空任务的保障能力。

## 一、应用现状水平

空间放射性同位素电源将钚-238等长寿命放射性同位素的衰变热转换为电能,为航天器供电,一般可满足几百瓦及以下功率需求。与其他常规电源相比,具有不依赖太阳光照、可长时间稳定运行等优势。美国于1961年成功发射了世界上首个装备放射性同位素电源的航天器,截至2021年,美国共计有8型近50个放射性同位素电源在各类航天器上得到了应用。

## （一）多任务放射性同位素电源

"毅力"号火星车安装的多任务放射性同位素电源采用了灵活的模块化设计方法，应用了很多成熟技术，在行星表面及深空环境下性能非常稳定，可满足多种任务需求。

多任务放射性同位素电源最宽处约64厘米，高约66厘米，重约45千克，核心部分包括8个通用热源模块和16个热电转换模块，设计寿命17年（包括发射前3年的燃料存储期）。热源模块装有4.8千克二氧化钚燃料，任务开始时的热功率约为2000瓦。热电转换模块使用的热电材料是PbTe/TAGS（铅－碲/碲－锑－锗－银），任务开始时的输出功率约110瓦，系统效率约6%。

## （二）钚－238产能恢复情况

钚－238具有半衰期长、功率密度高、氧化物稳定性好等优势，是目前发现的最理想的空间放射性同位素电源的热源材料。美国的空间放射性同位素电源都采用钚－238作为热源材料。20世纪90年代，美国中止了钚－238的生产，21世纪初以来库存量日益匮乏，估计目前仅剩十几千克。从2011年起，美国着手恢复钚－238的生产能力，2015年生产初步启动，目标是2026年达到每年1.5千克产量。

恢复钚－238的生产能力主要由美国能源部下属国家实验室负责。目前的生产过程是，橡树岭国家实验室利用爱达荷国家实验室库存的镎－237原料制造辐照靶件，靶件在橡树岭国家实验室高通量同位素反应堆内辐照产生钚－238。辐照后的靶件在橡树岭国家实验室进行化学处理，得到二氧化钚产品，二氧化钚产品之后被送到洛斯阿拉莫斯国家实验室组装成热源部件。近年来通过工艺技术优化和自动化技术应用，钚－238年产量已达几百克。美国下一步还打算利用爱达荷国家实验室的先进试验反应堆进行靶件照射，补充辐照能力，使生产能力达到目标。

**（三）新型能量转换技术研发情况**

继多任务放射性同位素电源以来，美国已陆续启动多个研发项目，研发新型能量转换技术，开发新型空间放射性同位素电源。

在静态能量转换方面，美国2013年提出利用方钴矿热电材料代替PbTe/TAGS材料的增强型多任务放射性同位素电源（eMMRTG）设计概念。eMMRTG的热电转换性能显著提升，其初始输出功率估计可达145瓦，且运行过程中性能衰减减缓。到2020年，美国喷气推进实验室等研发机构已完成方钴矿热电材料的多轮试制迭代，积累了1.1万小时以上的寿期测试数据。

在动态能量转换技术方面，美国21世纪初以来研发斯特林能量转换技术取得显著进展。2016年，美国国家航空航天局投资三家企业研制三种新型动态能量转换器，包括两种斯特林能量转换装置和一种布雷顿能量转换装置。三种新装置单机设计输出电功率237~319瓦，效率21%~24%，在2020年进入样机制造与测试阶段。

**（四）发射审批程序调整情况**

美国过去针对空间放射性同位素电源发射采用一套20世纪70年代末制定的审批流程，涉及美国能源部、国防部、国家航空航天局、环保局等多个政府机构以及多项安全分析与评估工作。该流程存在耗时长、成本高等明显问题，成为空间放射性同位素电源应用的又一瓶颈。发射任务至少要在发射前3.5年完成初步安全分析报告，期间开展相关分析与实验的成本可达数千万美元，审批流程在时间和预算上都给太空任务的规划增加了不确定性。

2019年8月，美国政府发布《装有空间核系统的航天器发射》总统备忘录,更新了对装备核动力系统的航天器进行发射审批的流程与相关要求。新政策通过确立明确的安全指导方针,按照放射性危险性的大小和任务发起机构性质,将发射审批权力归属到不同的权力人,理顺了所需开展的安全分析与评估工作,规定了独立评估机构,从而在确保安全的同时,简化了必要的工作内容。

## 二、发展前景分析

2020 年 12 月,美国政府发布《有关空间核电源与核推进的国家战略总统备忘录》,2021 年 1 月,美国能源部发布《太空能源》战略文件。综合两份文件,可以梳理出美国空间放射性同位素电源未来的发展和应用规划。

一是对已成功应用的多任务放射性同位素电源进行改进,为 2026 年发射的"蜻蜓"号探测器提供动力。二是到 2030 年,设计、开发和部署燃料效率更高、比能量更大和运行寿命更长的先进放射性同位素电源,以支持月球和火星探测任务。三是保持放射性同位素电源的制造能力,包括钚-238 生产能力、燃料和燃料元件制造能力、电源组装和测试能力,以及安全性分析能力。

目前,美国下一代空间放射性同位素电源(NGRTG)的开发已经启动,结合美国发布的《有关空间核电源与核推进的国家战略总统备忘录》和《太空能源》战略文件,以及调整发射审批流程等行动,可以预测,美国将着手提升放射性同位素电源的使用频次,提高对未来太空任务的支持能力。

## 三、结语

空间放射性同位素电源受太空环境影响较小,可稳定可靠地为执行太空探索任务的航天器长期提供电能,被视为一种高度可靠的电源。美国空间放射性同位素电源经过几十年的发展,热电转换效率和输出功率不断提升,整体技术能力和应用经验都处于世界先进水平。

(中国核科技信息与经济研究院 许春阳 袁永龙)

# 美国下一代核指挥、控制与通信技术及能力预测分析

核指挥、控制与通信（NC3）系统是核"三位一体"核力量的关键组成，是核作战体系的中枢，也是实现有效核威慑的重要基础。针对 NC3 系统日益老化、应对新威胁能力不足问题，美国正在发展下一代 NC3 系统。2021 年，美国战略司令部称下一代 NC3 系统将分为 5 个阶段，以渐进式、持续迭代的方式进行升级换代。美国国会预算办公室 2021 年测算，美国未来 10 年用于 NC3 系统的经费投入将达到 940 亿美元，其中指挥与控制 200 亿美元、通信系统 250 亿美元、预警系统 490 亿美元。

## 一、美国发展下一代 NC3 系统的需求

美国 NC3 系统的建设始于冷战时期，上一次大规模升级改进可追溯至 20 世纪 80 年代。经过几十年的发展，许多硬件系统和软件程序逐步过时或老化。同时，NC3 系统正面临着来自网络及空间武器在内的新兴威胁。

**（一）太空武器威胁天基资产安全**

天基资产是 NC3 的重要组成部分。随着太空竞争日趋激烈，从事太空活动的国家与组织持续增加，在轨物体的数量与日俱增，太空拥堵日益严重。越来越多的国家正在研制并具备可干扰、破坏和摧毁天基资产的手段。这些变化将对太空数据的传输产生干扰，对导弹预警和通信卫星等太空资产生存能力提出严峻挑战。

**（二）网络武器威胁系统网络安全**

NC3 系统在更新换代过程中将采用很多基于 IP 的新设备，因此会给系统带来一定网络安全风险。此外，NC3 系统中的部分基础设施依赖电力、水、燃料和人员的支持，其中任何一项受到网络攻击，都可能影响到 NC3 系统的作战效能。2020 年，美国国会和国防部均表示美国 NC3 系统目前不具备所需的网络防御措施，尚未对网络攻击做好准备。

**（三）需实现与新型战略武器的兼容**

美国目前正在发展新型陆、海、空基战略导弹及其运载平台，预计到 2030 年后将逐步服役。如何实现与新型作战武器和平台之间保持兼容，确保可靠地进行指挥、控制和通信，也将成为美国下一代 NC3 系统面临的主要风险之一。

**（四）需具备应对未来多种作战样式的灵活性**

美国在冷战时期构建的 NC3 系统主要针对苏联的大规模核战争而设计。2018 年《核态势评估》报告对美国可能面临的威胁环境进行研判，明确提出未来 NC3 系统应具备应对任何不确定的威胁环境能力，包括有限核打击等作战样式等。因此，下一代 NC3 系统需要具有更好的灵活性，可应对未来可能出现的各种作战样式。

**（五）核常两用系统面临常规打击的风险提升**

美国 NC3 系统中的导弹预警与通信系统均可用于支持核与常规作战。

而且从当前发展趋势看，NC3 系统将越来越依赖于核、常两用资产。核与常规指挥控制也呈现一体化的发展态势。在未来常规冲突中，NC3 系统很可能成为被打击的目标，甚至会因此而进一步引发冲突升级。

### （六）系统仍然存在虚警问题

自冷战以来，美国和苏联发展的预警系统在实际作战值班过程中都曾暴露过虚警问题。几十年来，尽管美国一直持续提升预警探测能力，但软硬件故障、环境辐射干扰以及人为失误等因素仍然可能会导致 NC3 系统发生虚警。2018 年，美国曾因人为失误，向公众发出夏威夷面临弹道导弹来袭的虚警。

## 二、美国下一代 NC3 体系架构组成与特点

2018 年，美国国防部确定由美国战略司令部负责 NC3 系统相关的作战、需求管理和系统工程与集成。美国战略司令部成立了"NC3 体系中心"（NEC），负责设计并执行下一代 NC3 体系架构（表 1），统筹协调各军兵种的需求，为未来几十年 NC3 的发展奠定架构基础。

表 1 下一代 NC3 主要组成

| 组成 | 下一代 NC3 系统 |
|---|---|
| 预警探测 | 高轨预警卫星：<br>天基红外探测系统（SBIRS）<br>下一代过顶红外系统（OPIR） |
| | 中、低轨预警卫星：<br>小卫星星座 |
| | 改进的地基/海基远程雷达系统 |
| | 升级改进的美国核爆炸探测系统（USNDS） |

续表

| 组成 | 下一代 NC3 系统 |
|---|---|
| 指控系统 | 固定指挥控制平台：<br>国家军事指挥中心（NMCC）<br>备用国家军事指挥中心（ANMCC）<br>战略司令部全球作战中心 |
| | 机动指挥控制平台：<br>强生存能力空中作战中心（SAOC）<br>机动加固指挥中心（MCCC） |
| | 陆、海、空基核武器指挥控制中心 |
| 通信系统 | 美国受保护通信卫星系统：<br>"先进极高频"（AEHF）卫星系统<br>演进型战略通信卫星（ESS）系统 |
| | 改进的最低限度基本应急通信网（MEECN） |

## （一）强调分布式和开放式体系架构

NC3 系统中的体系架构将在新兴技术的推动下产生革命性的变革。首先，"分布式"成为提高系统生存能力和弹性的重要举措之一；其次"开放式"体系架构成为提高系统适应性、快速提升新能力的重要发展途径，未来也将成为下一代 NC3 系统的重要特征。新一代预警卫星将打破现有大卫星星座的体系架构，逐渐过渡为"大卫星星座＋小卫星星座"相结合，高、中、低轨互为补充，采用分散部署、快速空间重构，以实现更好的弹性、灵活性和生存能力。正在发展的"弹性地面系统演变"通过采用开放式体系架构，实现多种类型探测器数据的融合。

## （二）重视向数字化系统转型

目前 NC3 系统的体系架构是在 20 世纪 80 年代构建的，很多系统仍然以模拟技术为主。在美国实施"数字战略"的大背景下,未来新型战略武器投送平台,以及 NC3 系统等都将基于数字工程,采用数字化手段进行研制和开发。自动化和人工智能、量子科学等新兴技术发展将进一步推动下一代 NC3 系统的数字化转型。

### (三)突出系统弹性和作战灵活性

在提升可靠性、安全性以及生存能力的同时,下一代 NC3 系统将更加突出弹性和作战灵活性。在弹性方面,确保 NC3 系统在遭受攻击的情况下,其性能不会受到毁灭性打击,而是在下降到一定临界值后能够迅速得以恢复。在灵活性方面,要满足"量身定制"核威慑的需求,有效应对未来各种潜在的威胁目标和作战场景。

## 三、美国下一代 NC3 系统关键技术及能力预测

### (一)采取主、被动综合防御手段,全面提升太空资产生存能力

未来 NC3 系统通过发展主动与被动结合的体系防御能力,进一步增强生存能力,在受到攻击时和攻击后能继续运行。高轨导弹预警卫星和受保护通信卫星等大型卫星平台将采用机动变轨技术,星上采用滤光器、防激光涂层等被动防护技术,采用激光通信链路,具备抗硬杀伤(核与常规打击)、软杀伤、干扰(包括核爆干扰)等能力,保证在各种烈度的冲突以及冲突的各个阶段都能长期持续地存活和可用。远距离发生核爆炸情况下能坚持工作,近距离发生核爆炸情况下能够瞬时关机、屏蔽关键器件,之后可加电重启,快速恢复之前的运行状态。低轨预警、导航和通信卫星以小卫星星座的形式分散部署,部署在多个轨道面和多个轨道高度上。有些载荷还可以搭载在商业和盟国卫星上,进一步分散系统布局,具备快速重构、

损失容忍等能力，降低对手实施攻击的效果，增强太空系统的抗毁性。

**（二）多平台、分布式部署探测系统，强化对各类威胁目标的预警能力**

在天基高轨方面，美国正在发展"下一代持续过顶红外"（OPIR）系统，取代现役"天基红外系统"（SBIRS）。OPIR系统仍将沿用SBIRS的大卫星星座，计划采用轻量级主任务有效载荷（质量低于272千克），搭载弹性有效载荷，进一步提升对机动目标以及低红外特征目标的探测敏感度。OPIR将分两个阶段实施，第一阶段将由3颗地球同步轨道卫星和2颗极地轨道卫星组成，于2029年完成组网。第二阶段于2026年启动研制，至少部署2颗地球同步轨道卫星，具体方案尚未确定。美军还在考虑最早于2022年开始在中地球轨道（MEO）上试验OPIR预警卫星，将预警卫星置于这些非传统轨道将使其比从低地球轨道观测导弹发射的时间更长。

在天基低轨方面，美国国防部正在构建下一代太空体系架构，发展宽视场和中视场卫星以及激光通信链路的跟踪层，实现针对高超声速武器和弹道导弹的预警探测、全弹道跟踪和识别。预计2022年部署8颗跟踪层卫星，可定期提供针对高超声速滑翔飞行器和弹道导弹的区域性探测能力。2024年左右跟踪层将采用宽视场和中视场探测器组合的方式，部署约150颗卫星，实现对各类导弹武器的持续跟踪和监视。2026年左右将完成1000颗卫星星座的部署。此外，美国正在研究并优化弹道导弹和高超声速武器探测算法及波段等。

**（三）采用新型网络体系架构提升网络弹性，增强网络与信息安全能力**

下一代NC3系统实现数字化转型的同时，也面临网络安全的问题。《2021财年国防授权法案》首次要求国防部开展NC3网络弹性年度评估。2021年，美国国防部进一步明确将增强网络防御能力确定为下一代NC3系统第一阶段的主要工作内容之一，重点研发新型网络体系架构，实现动态重构软件等能力，提升网络弹性。下一代NC3系统设计、研制与试验以及部署全过程，都将考虑降低网络脆弱性。人工智能、区块链以及量子通信技术很可能成为推动网络安全的关键技术，用于识别网络行为模式的变化，检测网络异常和软件代码，查找重要证据，跟踪并确定攻击者的身份等。未来，NC3系统在数据传输等过程中将具有抵御网络篡改和干扰的能力。NC3系统所需的民用保障性基础架构也将具备在遭受破坏时正常运行的能力。

**（四）发展新一代战略通信卫星及数据终端，具备更高效、弹性的通信能力**

美国NC3系统将向高效、弹性、可持续、全球覆盖的通信能力发展，具备更强的抗干扰能力、抗辐射加固和网络防御能力，其覆盖范围将扩大到北极地区，确保传感器、武器平台以及决策者之间的可靠通信。

美国正在发展新一代专用的受保护战略通信卫星——演进型战略通信卫星（ESS）系统。该系统由4颗地球同步轨道卫星和2颗大椭圆轨道（HEO）卫星组成。ESS系统可为用户提供正常环境下26兆比特/秒和核环境下0.4兆比特/秒的传输速率，对极地65°以上区域的用户，则分别提供1兆比特/秒和0.1兆比特/秒的数据服务能力。

开展视距终端系列、"民兵"导弹最低基本紧急通信网络项目升级等与通信卫星兼容的新型通信终端，具备抗电磁脉冲和核闪烁的干扰能力。研制通用极低频接收器，为指挥和控制载机、轰炸机、加油机、洲际弹道导弹发射控制中心和其他指挥所提供新的终端，可在核爆环境下对紧急行动密电（EAM）进行远距离、安全、可靠的传输。

由于5G通信具有大带宽、高可靠、低时延以及大连接密度等优势，美国国防科学委员会近期研究了5G通信技术应用于NC3系统的可能性。美国国防部则将进一步深化研究如何将5G技术应用于NC3系统的现代化改进。

**（五）辅助性应用人工智能技术，提升指挥与信息决策支持能力**

人工智能的辅助性应用将大幅提升美核作战决策效率，缩短对核攻击作出反应的决策时间，提升对总统决策和高层研判的支持。通过自主学习与人机交互技术结合，综合利用人的洞察力与计算机的高灵敏度，提升NC3系统的决策效力。自主感知技术，如对抗环境中目标识别与适应（TRACE）技术，赋予所有类型的ISR系统更多的感知智能；智能数据分析技术，如美国军方的"专家"系统，可在海量数据集中找到相关性，具备用于相关预警任务的潜能。情报数据交叉分析技术还可帮助军事指挥部门预测与核武器有关的发展动态，包括对手的核力量生产、部署和使用情况。类似"深绿""指南针"的决策支持系统可将仿真嵌入指挥控制系统，可协助指挥官通过评估备选方案、拟定备选方案和评估各项决定对计划其他部分的影响，提高指挥员临机决策的速度和质量。但美国国防部官员也明确表示，核武器的发射决策不会完全自动化，仍将继续保持受人的控制。

**（六）开展与全域指控系统的融合研究，发展核、常作战管理一体化能力**

美国认为未来核与常规战争将呈现紧密交联的发展趋势，并且针对中、俄两个有核国家提出了"核常一体化"的概念。美国在下一代NC3系统建设规划中也提出了核与常规作战管理的一体化。未来NC3能够通过可靠通信系统实现核与常规的无缝集成。美军认为下一代NC3的核心愿景与"联合全域指挥与控制"（JADC2）的基本概念完全一致，两者密切相关，并且已就NC3系统与JADC2的关联性开展研究。美国空军已经开始利用"先进作战管理系统"（ABMS）演示验证部分NC3技术，提高核和非核军事行动一体化管理能力，有效遏制核升级和非核战略打击。

（北京航天长征科技信息研究所

齐艳丽　赵国柱　熊瑛　韩洪涛　伍赣湘）

# 下一代天基预警系统发展动向分析

天基预警系统是导弹防御系统和核反击体系的重要组成部分，用于提供及时、可靠、准确的导弹预警、导弹防御信息，技术情报和战场空间感知信息。2021 年，美国下一代天基预警系统取得突破性进展，高轨方面，下一代过顶红外系统探测器有效载荷通过关键设计评审，未来可能部署在中轨道，进一步提升探测能力；低轨方面，导弹防御局和太空发展局相继开展在轨演示验证，以降低技术风险。

## 一、美国天基预警系统发展现状

美国已经建成了当今世界上唯一能够覆盖全球，既能监视战略弹道导弹又能监视战区弹道导弹发射的预警卫星系统（表1）。高轨方面，美国已部署了 4 颗"国防支援计划"（DSP）卫星、8 颗"天基红外探测系统"（SBIRS）卫星，其中，SBIRS 系统部署于大椭圆轨道（HEO）和地球同步轨道（GEO）各 4 颗，这些卫星用于探测和跟踪助推段飞行的弹道导弹。美国还部署了 3 颗"空间跟踪与监视系统"（STSS）低轨卫星，用于导弹的全弹道跟踪和弹头的识别。

表1 美国现役预警卫星主要参数

| 系统 | | 轨道类型 | 发射时间 | 预期寿命/年 |
|---|---|---|---|---|
| DSP 系统 | DSP 18 | GEO | 1997年2月23日 | 5 |
| | DSP 20 | GEO | 2000年5月18日 | 7~9 |
| | DSP 21 | GEO | 2001年8月6日 | 7~9 |
| | DSP 22 | GEO | 2004年2月14日 | 7~9 |
| SBIRS 系统 | SBIRS HEO 1 | HEO | 2006年6月28日 | — |
| | SBIRS HEO 2 | HEO | 2008年3月13日 | — |
| | SBIRS HEO 3 | HEO | 2014年12月13日 | — |
| | SBIRS HEO 4 | HEO | 2017年9月24日 | — |
| | SBIRS GEO 1 | GEO | 2011年5月7日 | 12 |
| | SBIRS GEO 2 | GEO | 2013年3月19日 | 12 |
| | SBIRS GEO 3 | GEO | 2017年1月21日 | 12 |
| | SBIRS GEO 4 | GEO | 2018年1月19日 | 12 |
| STSS 系统 | STSS ATRR | LEO | 2009年5月5日 | — |
| | STSS Demo – 1 | LEO | 2009年9月25日 | 2~4 |
| | STSS Demo – 2 | LEO | 2009年9月25日 | 2~4 |

SBIRS 系统是目前美国天基探测的主力军，能够提供更快、更准确的战略和战区导弹发射报告，为导弹防御系统作战能力提供有效支持。SIBRS 系统的探测范围和能力均优于 DSP 卫星，能够在导弹发射后 10~20 秒内将预警信息发送给地面部队。美国国防部透露，SBIRS 系统曾于 2020 年 1 月探测到十几枚伊朗向驻伊拉克美军发射的导弹，并及时向美军及其伙伴发出预警，从而避免了美军基地的人员伤亡。

STSS 系统主要用于弹道导弹的全弹道跟踪、弹头识别，为雷达和拦截弹提供指引信息等。STSS 原计划部署 24~27 颗卫星，但由于技术和经费原因，只发射了 1 颗先进技术风险降低卫星和 2 颗演示验证星。STSS 卫星参与了多次在轨试验,成功验证了针对弹道导弹的全弹道立体跟踪能力和实时通信能力。

## 二、美国下一代天基预警系统发展重要动向

### (一)积极布局相关项目发展

天基预警探测系统针对复杂的弹道导弹威胁提供了更好的跟踪、识别和定位能力,将成为美国预警系统的主力军。美国下一代天基预警系统体系架构将发生重大变化,将采用多星、多轨道的分布式部署方式,重点提升探测和生存能力,可实现对高超声速武器和弹道导弹等进行全弹道预警、探测和跟踪。高轨方面,美国空军将研制下一代"过顶红外"(OPIR)系统,以取代 SBIRS 系统;低轨方面,导弹防御局和太空发展局正在开展下一代低轨预警探测卫星星座的研制。2018 年,导弹防御局就启动了"导弹跟踪系统"(MTS)项目,旨在研发天基探测器方案,以探测并跟踪传统和新兴导弹威胁。2019 年,该项目被更名为"天基探测器层"(SSL),开展有效载荷样机设计和信号链处理风险降低演示验证项目,包括初步方案评审(PCR)和信号链处理演示验证。2020 年,导弹防御局将该项目再次更名为"高超声速与弹道导弹跟踪天基探测器"(HBTSS)系统,重点开展探测器有效载荷的研制,实现对高超声速导弹和弹道导弹的持续跟踪和监视。HBTSS 系统发展演变如图 1 所示。HBTSS 最终将被纳入 SDA 导弹跟踪层计划中,是国防部下一代天基架构的重要组成,最终实现针对全球先进导弹的持续探测和跟踪能力。

### (二)美国下一代高轨预警探测系统体系结构将发生重大转变

OPIR 系统是由美国空军牵头研制的高轨预警卫星星座,原计划采用

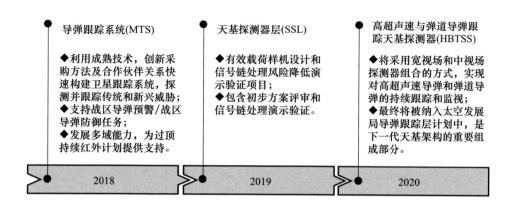

图 1　HBTSS 系统发展演变

5 颗 GEO 卫星和 2 颗极地轨道卫星的组成方式，搭载弹性有效载荷，在恶劣对抗环境下具有更强大的生存能力。首颗 GEO 卫星计划于 2025 年发射，系统将在 2029 年前完成组网。2021 年 8 月，首颗 GEO 卫星通过了全系统关键设计评审，预计 2025 年按计划发射（表2）。

表 2　下一代"过顶红外"系统未来计划

| 名称 | | 发射时间 |
| --- | --- | --- |
| HEO | HEO-1 | 2027 年 |
| | HEO-2 | 2029 年 |
| GEO | GEO-1 | 2025 年 |
| | GEO-2 | 2027 年 |
| | GEO-3 | 2028 年 |

但美国天军表示下一代"过顶红外"系统体系结构将发生重大转变，将在中地球轨道（MEO）部署预警卫星。中地球轨道架构将提高系统的探测范围和分辨率，提高系统弹性，降低成本。

OPIR 的另一重大变革是采用数字工程方法，雷声技术公司和千年空间系统公司将构建 OPIR 卫星的数字模型，验证 OPIR 是否可以在中地球轨道上有效运行，评估 OPIR 探测器是否可以有效地探测和跟踪弹道导弹。

**（三）低轨预警卫星将开始更新换代**

美国将逐步开始低轨卫星的更新换代。导弹防御局计划退役 STSS 卫星，HBTSS 将于 2023 年开始在轨试验。HBTSS 最终将纳入太空发展局的导弹跟踪层。太空发展局计划分阶段发展导弹跟踪层卫星星座，2022 财年部署第 0 批卫星（Tranche 0）星座，开展体系架构演示验证，实现探测和跟踪先进导弹目标的有限作战能力；2024 财年部署第 1 批卫星（Tranche 1）星座，实现针对区域导弹的持续探测和跟踪能力。2026 财年部署第 2 批卫星（Tranche 2）星座，具备针对全球先进导弹的持续探测和跟踪能力。

与此同时，导弹防御局和太空发展局在轨技术演示验证。6 月 30 日，导弹防御局的两颗微小卫星年搭载维珍公司的"运载器一号"空射运载火箭成功发射升空，开展微小卫星间网络无线电通信的在轨演示验证，以降低 HBTSS 等系统的技术风险。7 月 4 日微小卫星开始与地面站通信，最终将实现卫星间相互通信。8 月 10 日，太空发展局开展支持导弹跟踪层的首个实验。天鹅座 NG–16 货运飞船携带了红外成像有效载荷样机搭载安塔瑞斯火箭发射升空，收集近地轨道环境的数据，用于开发下一代跟踪卫星的算法。

## 三、启示分析

**（一）下一代天基预警系统体系架构将发生重大变革，重点提升系统弹性**

2013 年 8 月，美国空军航天司令部发布了《弹性和分散航天体系》白皮书，认为传统的军事太空架构已无法满足国家安全和作战需求，必须构建弹性和分散化的太空体系结构。其中，弹性是指面对系统故障、环境挑战或敌对行动时能够持续提供所需能力。而分散化是指模块分散、功能分散、有效载荷搭载、多轨道分散和多域分散。

按照 21 世纪初的发展规划，天基探测系统将在高轨和低轨部署专用军事大卫星座。目前，在美国国防部未来天基系统架构发展规划下，下一代天基预警探测体系架构将发生重大变化，将采用高、低轨结合的部署方式，高轨方面将继续在地球同步轨道和大椭圆轨道上部署大型卫星，并搭载弹性有效载荷；低轨方面，美国将采用分布式部署方式，充分利用商业卫星发展成果，构建大规模、低成本和小型卫星星座。Space X 公司即将基于其星链平台研发和部署 4 颗跟踪层卫星。美国国防高级研究计划局正在探索高度自主化卫星网络，未来将搭载探测器有效载荷，进一步提升反导系统的作战效率。

**（二）美国具备全球弹道导弹发射预警实战能力，即将完成导弹预警卫星的更新换代**

自 20 世纪研制以来，美国导弹预警卫星系统的发展一直受到国家的高度重视，几十年间从未中断对该系统的升级改进，技术性能不断提升，并且实现了跨越式发展。美国已经建成了当今世界上唯一能够覆盖全球、既能监视战略弹道导弹又能监视战区弹道导弹发射的预警卫星系统，并在试验和实战中验证了针对弹道导弹的全球发射预警能力。

从轨道来看，美国导弹预警卫星经历了从单一的地球同步轨道到结合大椭圆轨道，再到高轨道组网与低轨道组网相互配合的发展过程。从探测器件的发展看，经历了单一波段向多波段、从少探测单元阵列扫描向多探测单元阵列扫描及大面阵凝视的发展过程。从数据信息链路上看，经历了从地面站集中接收并送到处理中心处理再送回战场指挥中心，发展到以机动部署、同时可接收和处理多颗卫星数据的战场前沿机动站为主的作战过程。

**（三）下一代天基预警系统将提供可靠的火控数据，极大提升反导系统的网络化作战能力**

未来，天基探测系统将尽早向反导系统提供来袭导弹的火控数据，进一步提高拦截效率和拦截成功率。STSS曾在"宙斯盾"反导系统试验中，成功实现了基于演示验证卫星的跟踪数据进行远程拦截。在2020年美国开展的"标准"－3－2A首次洲际弹道导弹目标拦截试验中，拦截弹也利用了天基探测系统提供的数据实施远程拦截。HBTSS系统将采用宽视场和中视场探测器组合的方式，宽视场探测器用于对陆、海、空、天目标的组网探测和跟踪，中视场探测器用于并向导弹防御系统提供火控数据，拦截来袭目标，预计2025年左右实现全球覆盖。

（北京航天长征科技信息研究所　熊瑛　齐艳丽　才满瑞）

# 核武器系统网络安全问题研究

美国政府问责局于 2018 年 10 月发布报告称,国防部开发的大多数武器都存在网络安全漏洞。2021 年 3 月,该机构发布《武器系统网络安全指南》,认为国防部在改善武器系统网络防护方面取得一定进展,但仍存在网络安全风险。由于核武器的特殊性,其存在的网络安全问题及核武器系统可能遭受的网络攻击受到高度关注。

## 一、网络攻击成为核武器系统重大风险来源

近年来,网络攻击技术的自动化、智能化水平不断提高,同时网络武器加速向非国家行为体扩散,全球范围内针对核领域的网络攻击频发,核设施面临前所未有的网络安全威胁,如 2010 年伊朗核电站遭受"震网"病毒攻击,2019 年 10 月印度库丹库拉姆核电站遭网络入侵,2020 年日本核监管局邮件系统遭网络攻击导致信息泄露,2021 年韩国国会称韩国水力原子能公司近 10 年遭受了 1463 起黑客攻击。在此背景下,世界各国对核武器系统所受网络威胁的关注与日俱增。2009 年,国际核不扩散与裁军委员会

《网攻核指挥控制系统》报告提出，黑客可以通过网络入侵造成核武器错误发射；2013 年，美国国防部国防科学委员会《弹性军事系统与高级网络威胁》报告称，当前大多数核系统未进行 5~6 级网络攻击评估；2018 年，美国《核态势评估》报告建议推进核指挥控制与通信系统现代化发展，保护其免受现有和新型网络威胁；2021 年，卡内基国际和平研究院与上海国际问题研究院联合发布《关于中美建立网络-核指挥控制与通信系统稳定性的报告》提出，网络攻击已成为核武器面临的重大风险来源，但大国之间对此却未能建立相应的维护稳定机制。

## 二、核武器系统网络安全问题及原因分析

当前，世界大国在核威慑、核管控、危机处置等方面具有较为成熟的经验，但对于核武器系统面临的网络安全问题和可能导致的后果缺乏全面、准确的共识。一方面，计算机体系结构的固有缺陷和网络空间天然的不安全性，导致安全漏洞不可避免；另一方面，系统设计缺陷、供应链安全问题、内部人员管理也是核武器系统及核设施中常见安全问题。

### （一）系统设计不完善，网络安全问题考虑不充分

首先，核武器系统最早是在计算机技术起步阶段开发的，很少考虑网络安全问题，面对信息技术快速发展和作战需求不断变化，这些系统经历反复升级迭代、功能集成和现代化改造，老旧组件与新元素的混合导致系统复杂性和受攻击面大幅提高，难以全面评估、预测系统的网络脆弱性；其次，包括核指挥控制与通信系统在内的核武器系统，在将作战能力与信息能力集成融合的过程中，通常会优先考虑作战能力，在此基础上再考虑网络安全问题，可能会造成系统功能设计和网络安全的问题；此外，在核

武器系统设计阶段也难以充分考虑和完全解决战时才会出现的多种功能集成导致的网络安全问题。

**（二）供应链存在安全问题，无法切实防止恶意组件植入**

美国国防工业基础具有全球化的基本特征，国内使用的多数信息技术产品都在国外生产和组装，对外国制造与开发的依赖，一定程度上为产品设计、制造、保障、配送与销毁等环节的风险管理带来挑战和威胁。2017年3月，美国国防部国防科学委员会发布《网络供应链报告》称，美军几乎所有武器装备和网络设备的开发、采购和使用方式都无法切实防止恶意组件植入，目前美军武器系统可能存在假冒电子元件甚至已经被植入后门。此外，军用软件开发采购环节中的安全管控不力也为美军核武器装备网络安全埋下了严重隐患，尽管美国国防部推行了可信供应商认证管理、国防部微电子处能力认证、国防安全局安全保密认证，确保军用电子元器件的先进性和安全性，将元器件的网络安全标准具体化，但供应链元器件威胁问题仍在一定程度上存在，军用软件采办环节导致的软件安全风险问题仍无法消除。

**（三）内部人员和新型攻击手段是物理隔离系统最大威胁**

陆基洲际导弹发射井、核潜艇等高度物理隔离核武器系统，理论上能够免疫现有网络攻击，但根据斯诺登曝光的内容，硬件植入、固件植入、芯片植入等方式仍然可以对隔离系统造成严重威胁。美国一直深受因内部人员信息泄露而引发的网络安全事件的困扰，有些造成了经济损失，有些引发了政治或社会问题，有些则对美军武器装备的网络安全构成了极大危害，例如美国国家安全局网络武器泄露事件、斯诺登泄密事件和维基解密网站泄密事件均从不同方面对美武器装备网络安全造成了直接或间接的影响。此外，国际上一些研究机构正在探索利用电磁辐射、声波等介质入侵物理隔离计算机,甚至可以根据设备发热量、风扇噪声、硬盘噪声破解设备加密密钥并窃取机密数据,这些极具"科幻色彩"的网络攻击技术手段已经取得了一定进展。

## 三、核武器系统网络安全问题潜在军事风险

攻击者利用智能漏洞挖掘技术,持续挖掘对手的核军事基地、核武器系统中网络拓扑、传输通道、通信接口与网络配置等方面可利用的漏洞。通过网络攻击载荷投送技术远程渗透并隐秘接入,或电磁注入、射频注入、电网注入等近场作业方式,甚至特工、间谍、内部人员利用硬盘、U盘注入等方式,在系统中预置定制化木马、蠕虫、逻辑炸弹等病毒程序。

平时,攻击者一方面通过预置的网络侦察武器持续扫描感知网络地形,形成包括物理层、逻辑层、行为体层的核武器系统网络态势图,全面掌握军事基地、武器系统的网络空间配置和网络防御能力;另一方面,借助侦察卫星、小型无人机、仿生机器人等非网络手段长期监视对手核电站、核原料生产基地、核研究机构等目标,获取重要设施部署情况、工作人员行动轨迹规律等重要信息。网络侦察武器与传统情报监视侦察的结合,可使核武器系统"从内到外""从军到民"都暴露在攻击者的严密监控下,使攻击者提前形成战场情报优势。

战时,攻击者激活预置的网络攻击武器,多点并行猝发毁瘫对手核武器系统。一方面,攻击者可以控制、降级、扰乱和破坏核指控通信系统,切断对手指控中枢与作战部队、核武器平台的联系,大幅降低对手核武器作战效能;另一方面,可以修改核武器系统控制、核武器发射平台指令,篡改坐标定位等关键数据,造成核武器无法发射或误伤己方目标,从而削

弱对手的核打击能力，甚至射向第三方国家导致战争态势升级。

此外，为了避免"引火烧身"，攻击者大多通过资助境外黑客组织实施网络侦察和网络攻击行动，以期隐蔽攻击来源、持续网络施压、掌握战前主动。网络攻击实施过程中，攻击者一般会通过技术手段建立跳板，或隐藏主机身份隐匿攻击痕迹，反制对手主动溯源、被动溯源和渗透测试溯源等网络攻击溯源取证技术，或将网络攻击痕迹导向其他国家，引发冲突态势升级或失控。

## 四、美军缓解核武器系统网络安全问题的主要举措

美军采取诸多举措，缓解包括核武器在内的武器系统网络安全问题，一是启动核指控通信系统现代化升级改造项目，提高其网络韧性和灵活性；二是发展智能化网络威胁检测及漏洞挖掘技术，减少武器系统受攻击面和脆弱性；三是增强网络溯源取证能力，通过提高战略威慑力慑止网络攻击行为。

### （一）推动核指控通信系统升级，提高网络安全能力

美军核指控通信系统相关通信设备主要部署先进极高频军事通信卫星、E-4B空中指挥机、核潜艇等始建于20世纪的系统或平台中，其信息系统和通信能力远远落后时代。对此，美军战略司令部于2021年1月启动核指控通信系统升级项目"下一代NC3"，旨在对核指控通信系统进行现代化升级改造，在网络防御方面将增加若干新能力：一是提高核指控通信系统对于老旧系统平台的兼容性，二是增强系统面对新兴网络威胁的韧性，三是采用可重构软件定义架构提高系统的灵活性。

### (二）发展智能化漏洞挖掘技术，减少武器系统脆弱性

智能化漏洞挖掘技术将人工检测漏洞的经验进行形式化并传递给机器，应用机器学习和人工智能技术实现高效人机协同，能够大幅提高对包括核武器系统在内的武器系统内在安全漏洞的发现、修复速度。近年来，美军以"军方主导、业界协同"思想为指导，充分借助业界技术和能力，加强相关网络安全技术研发应用。美国国防部国防创新单元、空军第 96 网络空间测试大队、第 90 网络空间作战中队、海军海上系统司令部和陆军 $C^5ISR$ 中心等机构根据自身军事需求，与 ForAllSecure 公司开展积极合作，利用后者研发的"Mayhem"机器人黑客系统，在国防部及各军种武器系统中开展网络安全漏洞检测与修复工作，推进该系统的开发部署。

### （三）增强网络溯源取证能力，慑止网络攻击行为

2016 年，美国白宫科技政策办公室发布了《联邦网络安全研究与发展战略计划》，提出美军应重点发展慑止、防护、探测和响应四大相互依赖、层层递进的核心防御能力，其中慑止是指通过增加攻击者发动网络攻击的成本和风险，慑止潜在对手的攻击行动，实现慑止的核心在于网络溯源取证技术。近年来，美军启动"增强归因""大规模网络狩猎"等多项网络溯源取证技术相关项目，网络溯源取证技术能够根据网络威胁情报或攻击痕迹，通过技术手段预测或还原攻击事件，主动追踪网络攻击发起者、定位攻击源。网络溯源取证技术不是被动响应，而是通过持续性监测，更早、更快地检测和发现网络威胁、追踪威胁源头，在针对武器系统的攻击发生之前消除隐患或采取防护措施。

## 五、结束语

国家冲突向网络空间的映射,加速了网络空间的军备竞赛。与传统军备或核武器不同,网络武器具有极高的可复制性、扩散性和隐蔽性,这些特殊属性决定了网络攻击技术造成的效果难以控制,可以预见,在核武器系统网络安全问题彻底解决、网络攻击溯源取证技术发展成熟之前,针对核武器系统的网络攻击效果和影响范围无法控制。

(国家工业信息安全发展研究中心  张睿健)

FULU

# 附　录

# 2021 年战略威慑与打击领域科技发展十大事件

## 一、俄罗斯"雪松"下一代洲际弹道导弹将引入人工智能、新型固体发动机、弹头模块化设计技术

2021 年 3 月,俄罗斯导弹与航天领域主管官员透露,已启动"雪松"下一代陆基战略导弹系统(图 1)的研发工作。"雪松"项目已经列入俄罗斯"2027 年前武器装备计划",将在 2023—2024 年进入工程研制阶段,预计 2030 年左右服役,取代现役的"亚尔斯"洲际导弹。目前,该项目正处于论证阶段。据俄罗斯军事专家预测,该导弹射程 15000～18000 千米,采取机动发射方式,战斗部采用模块化设计、多弹头技术、高超声速滑翔弹头技术、大气层内外突防技术;动力系统将采用新型固体发动机;此外还将引入人工智能等新技术。"雪松"战略导弹是一种集成多种前沿技术的武器系统,反映俄罗斯未来战略导弹技术发展趋势,将显著提升俄罗斯核威慑能力。

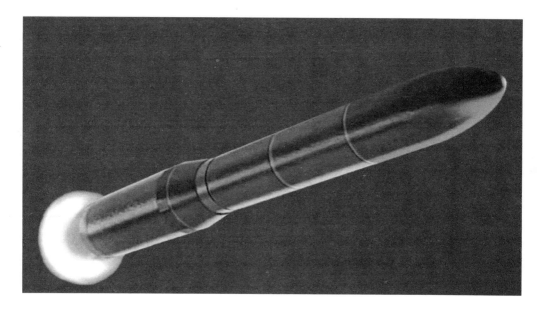

图 1  俄罗斯"雪松"下一代战略弹道导弹模拟图

## 二、美国提高下一代核指挥控制系统弹性与网络防御能力

2021 年 1 月,美国战略司令部宣布正在升级核指挥控制与通信(NC3)系统,升级工作称为"下一代 NC3"。目前,有 62 种不同系统和平台采用与 NC3 相关的无线电和终端,包括采取抗核加固和加密战略通信措施的先进极高频(AEHF)卫星、核潜艇以及 E-4B 国家机载作战中心。"下一代 NC3"是一项持续改进计划,战略司令部与 NC3 企业中心采用迭代升级方法,渐进推进 5 个增量。"NC3 增量 1"计划已纳入国防部五年预算,将改进太空资产,提高应对新兴网络和加密威胁能力,同时替换传统不兼容系统;并将具备动态重构软件能力,包括网络安全软件,以提供更大的弹性。"NC3 增量 2"将在"NC3 增量 1"基础上进行改进。NC3 作为核作战中枢,

全面现代化将提升核威慑与打击能力。

## 三、美国完成首枚 B61–21 核航弹生产

2021年12月，美国能源部国家核安全管理局宣布，经过9年多设计、开发与生产，首枚 B61–12 核航弹已完成生产，将于2022年5月启动大规模生产，2026年完成全部生产任务。B61–12 是美国首型制导核航弹，主要有以下特点：一是爆炸当量可调。B61–12 有300吨、1500吨、10000吨和50000吨 TNT 当量四种选择。二是打击精度高。B61–12 装有自旋火箭发动机和精确制导尾翼组件，圆概率误差可达到30米，较现役 B–61 核航弹圆概率误差110~170米大幅提高。三是可由多型战机携载。服役后可配装 F–15E、F–35A、F–16 等多型核常兼备战斗机和 B–2A、B–21 战略轰炸机。B61–12 核航弹既可执行战略核打击任务，也可执行非战略核打击任务，可根据打击目标、作战场景和任务需求灵活运用，进一步提高美军空基核打击的灵活性与多样性。

## 四、美军用微型可移动反应堆完成初步工程设计审查

2021年3月，美国国防部审查了西屋电气、巴威技术和 X 能源三家公司的军用微型可移动反应堆初步工程设计，淘汰西屋电气公司的热管反应堆方案，确定安全性好、热效率高、技术相对成熟的高温气冷堆方案，并开展进一步工程设计，计划2027年建成首座示范堆。美国军用微型可移动反应堆（图2）电功率为1~5兆瓦，体积小、机动性好，可通过多种方式运输并快速组装部署，能够支持前沿和偏远军事基地供电等任务，增强作

战基地的能源供应独立性和遭袭之后迅速恢复供电的能力。

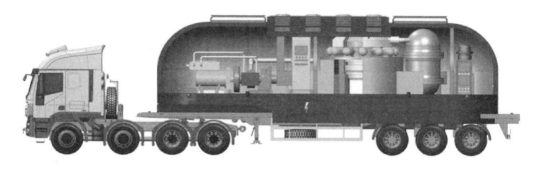

图 2　运输中的微型可移动反应堆示意图

## 五、美国推动空间核热推进反应堆概念设计

2021 年 4 月,DARPA"用于地月空间敏捷响应的验证火箭"项目授予蓝色起源等三家公司核热推进技术研发合同,启动研制新型核反应堆和在轨验证航天器,支撑美军未来地月空间活动,目标是在 2025 年全面进行在轨示范。未来 18 个月,团队将开发核热推进反应堆和进行航天器概念设计。7 月,NASA 授予 BWX 技术等三家公司 1500 万美元合同,开展可用于核热火箭发动机的核反应堆原型研发,并确立发动机及其子系统的性能要求。美国计划 2030 年前完成核热推进关键技术攻关,2039 年将能够利用比冲 900 秒、推力 445 千牛的核热推进系统(图 3)实现载人登陆火星。核热推进技术一旦实现应用,将高效支撑载人深空探索、地月空间利用、轨道战等各类任务,实现更高效的太空机动作战和航天运输。

图 3　核热推进系统

## 六、美国国家点火装置向实现核聚变"点火"迈进一大步

2021年8月,美国国家点火装置进行了一次实验,利用强大的激光脉冲引发燃料靶丸的核聚变反应,释放出1.35兆焦能量,相比于2018年创纪录的聚变放能提高了约25倍。这一能量达到触发该过程的激光脉冲能量的70%,意味着美国国家点火装置的惯性约束聚变研究接近核聚变"点火",即聚变反应所产生的能量等于或超过输入能量。实验结果表明,实验室可控聚变点火理论基本得到了验证,提振了美国在实验室实现可控聚变点火的信心。此次实验的成功得益于以下成果:一是采用创新的实验设计,增加了靶丸的尺寸,减小了激光入射的孔径;二是利用先进的核、X射线以及光学诊断设备所获取的数据,增强了对惯性约束聚变内爆性能的认知;三是基于实验的建模和仿真能力增强,为实验设计提供了帮助;四是提高了激光诊断的准确性,光束质量和内爆对称性控制获得显著改进。

未来，国家点火装置一旦实现点火，美国将可利用更先进技术手段研究核武器相关问题，确保在无需核试验情况下保持核威慑力。

## 七、美国空军 F-35A 战斗机完成 B61-12 全武器系统演示验证

2021 年 9 月，美国空军 2 架 F-35A 战斗机分别从内华达州内利斯空军基地起飞，飞抵约 260 千米外的桑迪亚国家实验室托诺帕靶场，各投掷 1 枚 B61-12"联合试验组装弹"（JTA），成功完成 B61-12 核弹全武器系统演示验证（FWSD）。此次实验标志着 F-35 即将获得核作战使用资质认证、成为首型核常兼备第五代战机。F-35 可超声速巡航、隐身性能处于世界先进水平，可突防到敌方防区内执行纵深打击任务。未来 F-35 战机和精确制导核炸弹 B61-12 组合在一起，将形成强大的核打击系统，加强美国的核威慑能力。B61-12 核航弹不但可由战略轰炸机携带，也可由战术飞机携带，且爆炸当量可调，可满足复杂战场需要。

## 八、TRISO 核燃料即将量产

2021 年 8 月，美国 X 能源公司宣布，正在开发的三元结构各向同性（TRI-SO）燃料即将量产。TRISO 燃料（图 4）是美国先进核燃料元件重点研发方向之一，上述进展表明这种燃料技术已进入工业化应用阶段。

TRISO 燃料是一种创新型的高丰度低浓铀燃料，由包覆燃料颗粒、石墨基体、基体外围石墨外壳组成。包覆燃料颗粒弥散在石墨基体中，压制

成球形、棱柱形、板形或棒形密实体，涂覆一层石墨外壳，成为核燃料元件。相比传统的栅格燃料，TRISO 燃料可包容裂变产物。包覆层在 1800℃（高于事故温度阈值 200℃）下保持完整，将大多数裂变产物控制在包覆燃料颗粒内部，大幅度提高了反应堆安全性，使反应堆无需配备混凝土和钢结构屏蔽设施，小巧轻便，便于拆卸、移动、运输。TRISO 燃料具有高燃耗和高安全性的本征特性，可极大促进军用微堆和空间堆的小型化，已在燃料制造、设计优化、质量控制、辐照试验等方面取得重大突破，将用于军用移动微堆和空间堆。

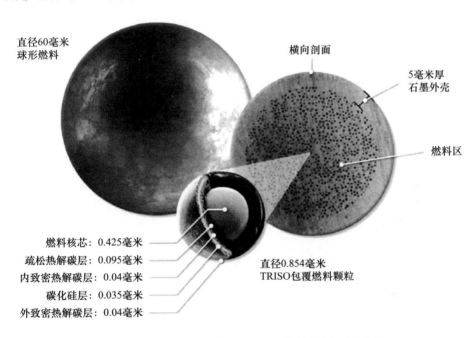

图 4　X 能源公司球形 TRISO 燃料结构示意图

## 九、法国第三代弹道导弹核潜艇进入全面研制阶段

2021年2月,法国国防部启动第三代弹道导弹核潜艇的全面研制(图5)。与现役"凯旋"级弹道导弹核潜艇相比,第三代弹道导弹核潜艇艇长增加约10米,达到150米;水下排水量增加约1000吨,达到15000吨;采用泵喷射推进器和X形尾舵,艇体完全由消声瓦覆盖;采用升级后的K15反应堆,安全性和功率将得到提升;采用新型声纳系统和传感器数据处理系统,可进行特低频探测,数据处理能力将大幅提高;将携带改进型M51潜射弹道导弹或其替代型,可发射F21重型鱼雷。首艇将于2035年交付,共建造4艘,预计服役到2090年,用于确保未来法国海基核威慑的有效性。

图5 法国第三代弹道导弹核潜艇构想图

## 十、英国宣布扩大核武库规模

2021年3月,英国发布《竞争时代的全球化英国——安全、国防、发展和外交政策综合评估》报告(图6),宣布增加核库存上限至260枚(现为180枚),这是英国核力量发展和裁军政策的重大转变。英国认为,面对多元化威胁,英国将制造更多的核武器,并加速在太空和网络空间等高科技领域的发展。

为实现这一目标,英国政府将在2019—2020年422亿英镑国防开支的基础上大幅增加预算,预计未来4年增加240亿英镑。同时,英国正在为"三叉戟"-2 D5导弹设计一种新核弹头,未来将装备4艘"无畏"级新型弹道导弹核潜艇。英国核政策的重大转变将使国际战略格局的不稳定性、不确定性增大,引发国际社会对大国从竞争博弈走向冲突对抗的强烈担忧。

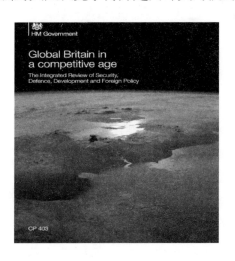

图6 《竞争时代的全球化英国——安全、国防、发展和外交政策综合评估》

# 2021年战略威慑与打击领域科技发展大事记

## 1月

**1月22日，首个禁止核武器的条约生效** 《禁止核武器条约》现在是国际法的一部分。该条约在2020年10月24日获得第50个国家的批准，让其得以在90天后的2021年1月22日生效。该条约遭到全部9个拥核国家的反对。

## 2月

**2月2日，美国空军将首次向挪威的一个基地部署B-1B战略轰炸机和附属后勤部队** 来自得克萨斯州戴斯空军基地的200多名美国空军人员预计将伴随一个B-1B"枪骑兵"轰炸机中队前往挪威奥兰空军基地，支援美军及盟友在该地区的任务。

**2月3日，美国与俄罗斯达成的《新削减战略武器条约》延长5年** 《新削减战略武器条约》按原文执行，未作任何修改，未出现额外条款，有效期到2026年2月5日。

**2月19日，法国国防采购局宣布，国防部长弗洛朗丝·帕利已启动第三代弹道导弹战略核潜艇（SNLE 3G）计划**　法国国防采购局将签订第一份合同，内容包括持续至2025年的研发，生产SNLE 3G船体和核燃料室的第一批部件。

# 3月

**3月7日，美国空军两架B-52H战略轰炸机当地时间周日在中东地区上空巡航飞行**　美军中央司令部称，这两架B-52H在以色列、沙特和卡塔尔等多国军用飞机的陪同下，在中东地区上空飞行。这是今年美国第4次向中东部署战略轰炸机，也是拜登任内第2次部署。

**3月16日，英国政府发布的《综合评估报告》中，将本国核弹头持有数目上限从180枚扩增至260枚**　这是英国冷战后首次提升上限。

**3月23日，五角大楼下属的"战略能力办公室"选择BWXT先进技术公司和X能源公司以继续开展"贝利计划"**　该计划试图开发一个输出功率为1兆瓦至5兆瓦、满负荷运作至少可持续3年的小型轻便型反应堆。此外，这些反应堆必须能在交付后3天内运行，如有需要，必须能在7天内安全拆除。

**3月24日，美国研发新一代弹道导弹拦截系统**　美国国防部同洛克希德·马丁公司以及一个诺思罗普·格鲁曼公司与雷声公司的合作团队分别签订合同，进行新一代弹道导弹拦截系统的开发。这是拜登政府首个重大防务采购项目。

**3月24日，印度计划优先建造核潜艇**　据印度政府官员称，建造攻击型核潜艇的计划应优先于建造第三艘航空母舰（即第二艘国产航空母舰）的计划。

## 4月

**4月6日，俄罗斯和美国交换了各自的弹道导弹和核弹头数量信息** 公开数据显示，过去半年俄罗斯核弹头增加9枚，美国减少100枚。

**4月28日，法军成功地从该国西北部比斯开湾海岸一处陆上基地试射了一枚M51潜射弹道导弹** 这枚导弹的预定弹着点位于大西洋上的百慕大北部海域。在线飞行跟踪软件显示，美国空军一架RC-135S"眼镜蛇球"战略侦察机在该弹着点附近飞行。

## 5月

**5月22日，到2025年之前美国将拥有8架X-37太空战机，该太空战机最多可携带6枚核弹头。**

**5月27日，乔·拜登的第一份国防预算公布美国国防开支的重点将转向使其核武库现代化** 五角大楼高级官员要求国会允许他们利用预算放弃不必要的武器，以便现在就对研发前瞻性技术进行投资。

## 6月

**6月4日，印度国防部批准4300亿卢比（约合59亿美元）的建造6艘先进潜艇。**

**6月6日，俄罗斯将在新地岛进行非核爆炸试验，以确认国家核武库的可靠性** 1954—1990年间，在新地岛进行了132次核试验。自20世纪90年代以来，因为暂停试验，在这个靶场没有进行过一次核爆炸。

**6月10日，俄罗斯计划扩建北极军用机场，可起降图-95MS战略轰炸机。**

**6月13日，2000多名俄军导弹部队军人聚集在东西伯利亚伊尔库茨克地区，用公路机动型"亚尔斯"洲际弹道导弹发射车进行演习** RS-24"亚尔斯"导弹是"白杨"-M洲际弹道导弹的改进型，配备至少3个、最多10个分导式核弹头，而且据称每个分导式核弹头的爆炸当量达30万吨TNT。

**6月23日，俄罗斯重申核威慑手段必不可少** 俄罗斯武装力量总参谋长瓦列里·格拉西莫夫表示，如果有国家对俄使用大规模杀伤性武器或常规武器，使国家生存受到威胁，俄保留动用核武器进行反击的权利。

**6月27日，俄罗斯海军首次在开阔水域测试了一艘最新巨型核潜艇"别尔哥德罗"号** 它被认为是30年来世界上建造的最大潜艇，水下排水量超2.4万吨，该核潜艇能搭载6枚"波塞冬"核动力鱼雷。

# 7月

**7月4日，韩军成功在水下发射了一枚潜射弹道导弹** 韩国从一艘水下驳船上试射了一枚自主研发的基于"玄武"-2B陆基弹道导弹改进而来的潜射弹道导弹。

**7月8日，俄罗斯空军举行了投入具备核打击能力的战略轰炸机的演习** 俄罗斯国防部表示，图-160和图-95战略轰炸机从伏尔加河畔萨拉托夫地区的基地起飞，飞行逾4000千米，向北极地区一个练靶场的靶标发射了巡航导弹。

**7月28日，美俄两国高官开始举行战略核稳定会谈** 美国总统拜登和俄罗斯总统普京同意启动一次关于战略稳定的双边对话，以便"为未来的军备控制和风险降低措施奠定基础"。

## 8月

**8月7日，美国出动B-52轰炸机和"幽灵"空中炮艇打击塔利班，试图阻止塔利班对三个重要城市的进攻** 在中断至少一年之后，"同温层堡垒"B-52轰炸机重返阿富汗，这一迹象清楚表明，五角大楼被迫加大每日空中打击力度，不仅是为了遏制塔利班，而且也是为了帮助苦苦挣扎的阿富汗空军。

**8月11日，美国再次试射"民兵"-3** 一枚未安装弹头的"民兵"-3洲际弹道导弹从加州范登堡空军基地发射。这次试射的洲际弹道导弹配备的是"高保真联合测试组件再入飞行器"。它在落入马绍尔群岛夸贾林环礁附近的太平洋之前，引爆了导弹携带的非核炸药。

**8月13日，韩国首艘3000吨级国产潜艇入役，可搭载潜射弹道导弹** 韩国自主研制的"岛山安昌浩"号服役仪式13日在玉浦造船厂举行。韩国由此成为世界上第8个能自主研制3000吨级潜艇的国家。

**8月25日，美国国防部制定新的导弹防御计划** 美国诺斯罗普·格鲁曼公司的导弹防御工程师们正在研发新的导弹预警技术和传感器有效载荷，以便更好地跟踪和摧毁敌方的洲际弹道导弹和远程弹道导弹。

## 9月

**9月7日，韩国潜艇首次成功试射弹道导弹** 这意味着韩国事实上完成潜射导弹的研制，成为世界第8个拥有潜射导弹的国家。据悉，国产潜射导弹基于500千米射程的"玄武"ⅡB弹道导弹研制，因此命名为"玄武"Ⅳ-4。

**9月15日，英美两国要帮助澳大利亚获得核动力攻击潜艇** 美国、英国和澳大利亚计划组成一个新的印太安全联盟,名为 AUKUS,未来由美英两国帮助澳大利亚建造至少 8 艘攻击型核潜艇。

**9 月 18 日,英国斥资 1.7 亿英镑打造新一代攻击型核潜艇** 英国皇家海军发布消息称,英国与罗尔斯·罗伊斯公司、英国航空航天系统公司签署了总金额达 1.7 亿英镑的两份合同,用于研发制造新一代攻击型核潜艇,以取代现有的机敏级攻击型核潜艇。

**9 月 20 日,美军 B-21 样机投产** 美国空军部长公开表示,有 5 架 B-21"突袭者"隐身远程战略轰炸机样机正在加州棕榈谷的空军 42 号工厂进行最后的组装工作。

# 10 月

**10 月 4 日,俄罗斯核潜艇成功试射"锆石"高超声速导弹** 俄罗斯海军在巴伦支海从"北德文斯克"核潜艇上发射了一枚"锆石"导弹,发射活动在夜间进行。

**10 月 19 日,朝鲜成功试射一枚新型潜射弹道导弹** 据称,此次潜射导弹发射试验由著名的"824 英雄舰"(即朝鲜首次试射潜射弹道导弹的"英雄艇")发射,在发射中试验了"侧面机动"和"滑翔跳跃机动"等多种飞行模式,试验取得了圆满成功。

**10 月 21 日,俄罗斯海军新型核潜艇试射"布拉瓦"弹道导弹** 俄海军"奥列格大公"号战略核潜艇从白海向堪察加的库拉试验场成功发射了一枚"布拉瓦"潜射弹道导弹。导弹的分导式弹头在预计时间内成功抵达指定区域。

**10 月 27 日,印度成功试射"烈火"-5 型弹道导弹** 印度军方成功发射了该国射程最远的"烈火"-5 型弹道导弹,这种导弹能够击中 3100 英里（4989千米）以外的目标。

**10月27日，俄罗斯太平洋舰队司令部宣布将新增4艘核潜艇**　俄罗斯太平洋舰队未来几年内将接收2艘955型"北风之神"–A级核潜艇和2艘885M型"白蜡树"–M级核潜艇。

**10月30日，美国出动B–1B轰炸机向伊朗示威**　一架美国空军轰炸机在以色列等盟国战斗机护航下飞越中东地区的重要航道，美国和伊朗海军舰艇曾在那里对峙。B–1B"枪骑兵"战略轰炸机越过波斯湾、曼德海峡、苏伊士运河和阿曼湾，并且飞越了霍尔木兹海峡。

# 11月

**11月1日，美国安装"颠覆性"核弹头引信，能将核弹破坏力增强一倍**　美国为其核弹道导弹研发了精密的电子传感器，能更好地计算引爆时间，这种部件是对W88系列弹头的例行工程改进。这种传感器已经安装在美国数百枚威力最大的弹头中，能使美国潜艇舰队的破坏力增强大约一倍。

**11月7日，美国B–1B"枪骑兵"战略轰炸机在欧洲上空飞行期间降落在法国空军基地**　该轰炸机降落在位于法国南部的伊斯特尔空军基地并实施加油。法国空天军表示这是美法联盟定期演习的独特形式，可确保双方随时在任何地区开展行动。

**11月22日"澳英美联盟"正式启动核潜艇合作，签署《海军核动力信息交换协议》**　该协议将首次允许美国和英国与第三国分享其核潜艇机密。协议还将提供一个机制，让澳大利亚人员可以接受美国和英国同行的培训，学习如何安全有效地建造、操作和维护核动力潜艇。

## 12 月

**12月13日，俄表示可能被迫在欧洲部署中程核导弹** 俄罗斯副外长谢尔盖·里亚布科夫表示，俄罗斯可能被迫在欧洲部署中程核导弹，以回应俄罗斯所认为的北约在欧洲部署此类武器的举动。

# 2021 年战略威慑与打击领域发展战略规划文件

| 文件名称 | 竞争时代的全球化英国——安全、国防、发展和外交政策综合评估 | | |
|---|---|---|---|
| 发布时间 | 2021 年 3 月 16 日 | 发布机构 | 英国政府 |
| 内容概要 | 文件阐述英国首相对 2030 年英国的愿景，并在此基础上提出 2025 年、2030 年英国在安全、国防、发展和外交领域的政策框架。文件指出，2030 年前不断变化的国际环境主要由以下因素定义：地缘政治和地缘经济的转变；系统性的竞争；技术的快速演进；以及气候变化、生物安全风险、恐怖主义和严重有组织犯罪等跨国挑战。文件宣布将增加英国核库存上限至 260 枚，并认为，俄罗斯是英国最大的安全挑战，英国将制造更多的核武器，并加速在太空和网络空间等高科技领域的发展 | | |

| 文件名称 | 《关于进一步削减和限制进攻性战略武器措施的条约》延长 5 年 | | |
|---|---|---|---|
| 发布时间 | 2021 年 1 月 26 日 | 发布机构 | 美俄政府 |
| 内容概要 | 美俄同意将该条约无条件延长 5 年，有效期延长至 2026 年 2 月 5 日。该条约规定，两国须全面削减冷战时期部署的核弹头与导弹，在条约生效 7 年后将各自核弹头削减至 1550 枚，核导弹发射装置和可发射核武器的轰炸机等运载工具数量减至 800 件，其中已经部署的核弹头运载工具数量不得超过 700 件 | | |

## 附录

| 文件名称 | 战略司令部战略 | | |
|---|---|---|---|
| 发布时间 | 2021年11月 | 发布机构 | 英国战略司令部 |
| 内容概要 | 文件阐述战略司令部两大战略愿景：到2025年，具备嵌入集成能力并加速转型，创造国防领域优势；到2030年，形成应对威胁变化所需的泛在敏捷防御能力，为国家战略优势做出重大贡献。文件分析英国所面临的威胁主要来源为六类全球环境威胁，以及六类战场威胁。文件提出为应对全球环境威胁，将采用创新方式，加速国防转型；为应对未来多变战场威胁，将跨多域的一系列战略、战役和战术活动纳入整体设计，未来将通过多域集成能力与俄罗斯相竞争，并在必要时取胜，英国当前正在实施多域集成，多域集成的含义是基于持久作战来设计相关活动 | | |

| 文件名称 | 联合核作战条令 | | |
|---|---|---|---|
| 发布时间 | 2020年4月17日（2021年披露） | 发布机构 | 美参谋长联席会议 |
| 内容概要 | 条令主要包括核战略概述、核力量及其支撑架构、规划和目标确定、指挥与控制、核作战及保证等六部分，为核作战的规划、实施和评估提供了基本原则与指导。《联合核作战条令》在参谋长联席会议主席的指导下编写，讨论了美国核力量的4个主要目标，包括：阻止核攻击和非核攻击、对盟友和合作伙伴的保证、在威慑失败的情况下实现美国目标、防范不确定的未来。美国拥有由陆基洲际弹道导弹、潜射弹道导弹和远程轰炸机组成的三位一体核力量，核力量提供实现美国国家目标的能力，核力量能力必须多样化、灵活、适应性强、有效、反应迅速和生存能力强 | | |

| 文件名称 | 美国核运用战略报告(2020年) | | |
|---|---|---|---|
| 发布时间 | 2021年10月 | 发布机构 | 美国国防部 |
| 内容概要 | 文件分析了当代核威胁及大国竞争的新变化,强调核武器在美国国防战略中发挥的关键作用,拒绝"最低核威慑",认为采取"唯一目的"核政策没有任何益处,反而存在重大风险。报告指出,2010年以来的宣示性政策没有改变,核力量需要确保日常态势和戒备等级。美国能够针对各种可能威胁美国及其盟友重要利益的极端情况做出反应。美国还将保持反应快速和适应性强的规划能力,以支持灵活的、量身定制的核战略,以及在冲突中使用核武器的能力。美国核战略需要保持灵活和有弹性的核力量、核指挥、控制与通信系统以及基础设施。在核武器规模方面,报告明确表示,鉴于对手可能的核运用场景,当前或未来一段时间内不会单方面削减其核力量是不明智的 | | |

# 2021年战略威慑与打击领域重大科研项目

| 序号 | 项目名称 | 项目基本情况 | | | 研究进展 | 军事影响 |
|---|---|---|---|---|---|---|
| | | 项目背景 | 研究目标 | 研究内容 | | |
| 1 | W93海基核弹头研制项目 | 2020年2月10日,美国政府向国会提交2021财年预算申请中首次提出研发W93海基核弹头项目。这是美国20世纪90年代初宣布暂停核试验以来以非改进型号命名的首个新型核弹头 | 美核武器委员会确认该核弹头未来将配装海基潜射弹道导弹,随新一代弹道导弹潜艇进行威慑巡航,提高海基核力量作战效能,降低技术、作战和规划风险 | 按照美国以往的弹头命名规律,W93极可能是全新弹头,但也有消息透露,W93将基于以前经过核试验证的设计方案。目前尚无具体技术细节,但外媒报道W93弹头的设计方案允许其进行快速升级,可快速部署于其它海基武器上 | 2020年2月,首次公开项目名称;2021年,计划启动概念评估;2025年,计划开展可行性研究及设计方案分析工作 | 该项目研制成功后,将增强美国海基核力量的安全性与可靠性,并提升核威慑与打击能力 |

续表

| 序号 | 项目名称 | | 项目基本情况 | 研究进展 | 军事影响 |
|---|---|---|---|---|---|
| 1 | W93海基核弹头研制项目 | 关键技术及解决问题 | 美国没有公开表示过需要恢复核试验，而W93核弹头采用新的设计，如何在不经过核试验验证的前提下完成新弹头设计研制是该项目面临的关键技术和重大问题 | 2020年2月，首次公开项目名称；2021年，计划启动概念评估；2025年，计划开展可行性研究及设计方案分析工作 | 该项目研制成功后，增强美国海基核力量的安全性与可靠性，并提升核威慑与打击能力 |
| | | 项目经费 | 能源部为该弹头申请的2025年前预算为18.53亿美元 | | |
| 2 | "微型可移动反应堆电源"项目 | 项目背景 | 美国能源部国家实验室研究指出未来美军前沿基地的能源需求到2027年增长约37%。近年来，美军方多个部门相继发布报告，提出在前沿作战基地使用可移动核反应堆。美国国防部能力办公室于2020年启动名为"贝利"的研制项目，分别与BWX技术公司、西屋公司、X-能源公司签发微型可移动反应堆设计合同。旨在设计研制一种能够为偏远或前沿军事基地提供能源的微型可移动反应堆 | 2020年3月9日，美国国防部签发设计合同支持三家公司开展设计工作；2023年，计划在能源部场址开展反应堆测试验证；2027年，计划在美国内永久性军事基地示范运行 | 微型可移动反应堆能够支持前沿军事基地供电等军事任务，增强基地的独立性和遭袭之后迅速恢复供电的能力，是能够改变游戏规则的颠覆性技术 |
| | | 研究目标 | 设计研制电功率1~10兆瓦，具有固有安全性，可快速启停堆，机动性好，可快速运至目的地的微型反应堆 | | |

附录

续表

| 序号 | 项目名称 | 项目基本情况 | | 研究进展 | 军事影响 |
|---|---|---|---|---|---|
| 2 | "微型可移动反应堆电源"项目 | 研究内容 | 美国军用微型可移动反应堆"贝利"研发项目由国防部战略能力办公室主持开展。该计划一阶段包括两个阶段，通过"两步走"降低技术风险和项目风险：第一阶段，通过非竞争性的设计阶段，国防部签发与多个合同支持技术研发，国防部将通过选拔参与第二阶段的公司；第二阶段，建造阶段，国防部支持通过选拔的公司设计、建造和示范原型反应堆，编制设计建造程序和项目风险控制程序。能源部通过爱达荷国家实验室为"贝利"计划提供支持 | 2020年3月9日，美国国防部签发三家公司合同支持开展设计工作；2023年，计划在能源部场址开展反应堆测试验证；2027年，计划在美国国内永久性军事基地示范运行 | 微型可移动反应堆能够支持前沿和偏远军事基地供电等军事任务，增强作战基地的能源供应的独立性和遭袭之后迅速恢复供电的能力，是能够改变游戏规则的颠覆性技术 |
| | | 关键技术及解决问题 | 根据美国国防部与能源部的合作文件，"贝利"研发项目主要解决的关键技术包括：①开发三层各向同性碳包覆燃料（TRISO）技术；②微型可移动反应堆设计研制 | | |
| | | 项目经费 | 2020年3月9日，授出3份研发合同，经费总计4000万美元 | | |

续表

| 序号 | 项目名称 | 项目基本情况 | | 研究进展 | 军事影响 |
|---|---|---|---|---|---|
| 3 | "转型挑战反应堆"项目 | 项目背景 | 美国政府致力于推动本国先进反应堆技术发展，力求抢占未来核电技术制高点，强化在世界核工业领域的领导地位。"转型挑战反应堆"计划是能源部正在大力推进的先进反应堆研发计划之一。"转型挑战反应堆"是一型集多项前沿技术的创新性气冷实验堆 | 2019年，项目正式启动；2020年5月，项目取得多项阶段性突破，包括堆芯设计方案选择、3D打印原型堆芯构件验证等；2023年计划建成首座反应堆 | 该项目完成后，将提升美国核反应堆设计、建造和运行能力加强核技术，维持核人才队伍 |
| | | 研究目标 | "转型挑战反应堆"将通过燃料、反应堆结构、设备制造等多方面创新，大幅降低反应堆建造成本，缩短反应堆建造周期，提高安全性和运行可靠性 | | |
| | | 研究内容 | 一是采用氮化铀三元结构各向同性（TRISO）燃料，氢冷却剂和氢化钇慢化剂；二是反应堆整体布局创新、简洁，堆芯构件由3D打印制造（属世界首例），能够以较低的成本快速建设；三是整个堆芯位于不锈钢压力容器中，压力容器外有四层保护，从里到外分别为可以移动的控制罩、不锈钢反射层以及两层混凝土生物屏蔽；四是设有两个保护系统，包括驱动中央停堆棒的反应堆保护系统和驱动反应堆控制系统，后者使控制罩在压力容器和反射层之间移动，每个系统均可在任何情况下独立实现安全停堆，并使堆芯保持在冷停堆状态 | | |
| | | 关键技术及解决问题 | "转型挑战反应堆"突破了传统反应堆设计，是反应堆技术的一次跨越式发展。为取得成功，橡树岭国家实验室等参研单位将在以下4个方面开展技术改进：一是探索用3D打印等先进技术制造反应堆关键部件；二是利用数据分析技术，结合设计和设备制造信息，建设数字化平台，实现对反应堆设备运行质量的快速评价；三是将传感器嵌入关键部件中，监测设备运行工况；四是尝试建立与当前自动化运行模式不同的自主决策运行模式，为实现反应堆无人值守奠定基础 | | |
| | | 项目经费 | 2019年美国能源部投入3000万美元，2020年投入2300万美元 | | |

续表

| 序号 | 项目名称 | 项目基本情况 | | 研究进展 | 军事影响 |
|---|---|---|---|---|---|
| 4 | 美国新一代洲际弹道导弹陆基战略威慑系统技术项目（GBSD） | 项目背景 | 美国长期维持"三位一体"战略核力量，陆基核力量是美国三位一体核力量的重要组成部分。目前美国正在对其核武库进行现代化改进。美国当代仅部署"民兵"—3一种洲际弹道导弹，该导弹自20世纪70年代装备以来已经服役40余年。经过多次改进后，"民兵"—3导弹将服役至2030年。但是，"民兵"—3导弹面临部件老旧、新技术集成困难、库存量不足，维护成本高等各种局限问题，为维持2030年后战略核威慑的安全可靠，美国已经开始启动新一代洲际弹道导弹——陆基战略威慑系统（GBSD）的研制工作 | 2021年，美国陆基战略威慑系统开始启动系列评审，并计划于2023年开展首飞。3月，陆基战略威慑系统完成了综合基线评审，确定了项目推进的关键成本和里程碑日期，目前陆基战略威慑系统多个分系统已成功通过关键设计评审。8月，诺斯罗普·格鲁曼公司成功完成陆基战略威慑系统一千级固体火箭发动 | 该项目研制成功后，将增强美国陆基战略威慑的安全性与可靠性，并提升核威慑与打击能力 |
| | | 研究目标 | 维持2030年后战略核威慑的安全可靠，并且可以有效维持工业基础，融合可靠的技术，采用模块化平台通用化等能力。为实现上述要求，美国决定使用"模块化系统结构"，并将模块化视为陆基战略威慑系统结构层级的重要特征 | | |
| | | 研究内容 | 未来陆基战略威慑系统的寿命周期要求超过50年，需要具备灵活性、适应性和经济可负担性，此外需要集成新技术、综合设施的管理与协调度、适应灵活的部署战略，其他战略平台通用化等能力。为实现上述要求，美国决定使用"模块化系统结构"，并将模块化视为陆基战略威慑系统结构层级的重要特征 | | |

# 战略威慑与打击领域科技发展报告

续表

| 序号 | 项目名称 | | 项目基本情况 | 研究进展 | 军事影响 |
|---|---|---|---|---|---|
| 4 | 美国新一代洲际弹道导弹"陆基战略威慑"系统技术项目（GBSD） | 关键技术及解决问题 | 陆基战略威慑系统将依然选择井基部署方式，并依然保留 Mk12A 和 Mk21 核弹头，包括保留单弹头和多弹头配置；再入系统将继续使用目前的飞行系统，制导系统和弹头末助推系统；新的武器系统将使用全新推进系统，包括发动机、制导和控制系统；采用新的武器指控系统，以及翻新发射控制中心和发射设施 | 机的第一层绝热层和壳体缠绕工序，实现了该项目的关键制造里程碑。陆基战略威慑系统预计 2029 年开始交付并部署，2034 财年完成部署，服役至 2075 年 | 该项目研制成功后，将增强美国陆基战略威慑的安全性与可靠性，并提升核威慑与打击能力 |
| | | 项目经费 | 2022 财年国防部为 GBSD 项目申请 26 亿美元 | | |
| 5 | 俄罗斯"雪松"下一代战略导弹技术项目 | 项目背景 | 俄罗斯现有战略导弹系老化逐渐退役，需要研发下一代核投送平台。在役的"白杨"-M 正被"亚尔斯"导弹取代，而当前作为主力陆基战略导弹的"亚尔斯"将在 2030 年前达到服役年限。为了不失去"核长矛"，俄开始研制下一代核投送平台 | 2021 年 3 月，俄罗斯国防部启动工业系统"雪松"下一代陆基战略导弹系统系统项目，并已列入俄"2027 年前武器装备计划"； | 该项目研制成功后，将赋予俄罗斯陆基战略平台颠覆性核投送能力，对先进反导系统提出严峻挑战，大 |
| | | 研究目标 | 研制前瞻性核投送平台，未来将取代现有的大多数核平台，从质量上显著提升俄军核威慑力。预计 2030 年左右服役，取代现役的"亚尔斯"洲际导弹 | | |

附录

续表

| 序号 | 项目名称 | 项目基本情况 | | 研究进展 | 军事影响 |
|---|---|---|---|---|---|
| 5 | 俄罗斯"雪松"下一代战略导弹技术项目 | 研究内容 | 研发下一代战略导弹,研究领域包括:采用先进固体燃料,引入模块化设计思想,纳入最新人工智能技术,可能采用高超声速弹头方案,弹头具备在大气层内、外机动能力,保留机动和地下井两种部署方式 | 2021—2022 年处于深度论证阶段;<br>2023—2024 年进入工程研制阶段;<br>预计 2030 年左右服役 | 幅提升核威慑力 |
| | | 关键技术及解决问题 | 探索利用前沿科技,提升导弹总体性能以及自身防护系统性能,项目关键技术包括:先进固体发动机总体技术;高超声速弹头技术;导弹头部模块化设计技术;人工智能技术;先进固体燃料技术等。解决的问题在于引领下一代核投送平台总体构想与设计,在敌方拥有高超声速武器,更先进的导弹防御系统以及未来新对抗手段的情况下提高核投送平台的生存与突防能力 | | |
| | | 项目经费 | 未知 | | |
| 6 | "波塞冬"核动力无人潜航器 | 项目背景 | 2018 年 3 月 1 日,俄罗斯总统普京在议会发表国情咨文时首次正式公布俄罗斯正在研制核动力无人潜航器的消息。俄罗斯的核动力潜航器项目并非完全从零开始,苏联在 20 世纪 50 年代曾研制过 T-15 超重型核鱼雷。新世纪以来,美国通过大力发展反导技术,布置反导等方式极力削弱俄罗斯战略打击能力,俄罗斯在经济、技术劣势情况下开始重新研制核动力无人潜航器即"波塞冬"无人核动力潜航器以对冲美国反导发展 | 2018 年 3 月 1 日,俄罗斯首次公布该项目;<br>2019 年 4 月 23 日,首艘可携带"波塞冬"无人潜航器的核动力母艇 09852"别尔哥罗德" | 俄罗斯研制的"波塞冬"核动力无人潜航器具有较强的突防能力,可携带大当量核弹头,并在深海长时间 |
| | | 研究目标 | 研制一型航程长、隐身性强的新型核动力无人潜航器 | | |

189

| 序号 | 项目名称 | | 项目基本情况 | 研究进展 | 军事影响 |
| --- | --- | --- | --- | --- | --- |
| 6 | "波塞冬"核动力无人潜航器 | 研究内容 | "波塞冬"由红宝石中央海洋技术设计局和圣彼得堡孔雀石海洋机械制造设计局于2008年前开始联合研发。该潜航器能够携载核弹头和常规弹头,继承了T-15超重型核鱼雷的部分设计概念;可以多型核潜艇为运载平台,每艘最多可携带8枚,俄海军计划部署32枚 | 号下水;2020年6月,第二艘可携载"波塞冬"核动力水下无人潜航器的核动力潜艇09851"哈巴罗夫斯克"号下水 | 潜行,能够颠覆核力量运用方式,大幅提升核威慑 |
| | | 关键技术及解决问题 | "波塞冬"可能采用液态金属冷却反应堆,航程可达10000千米,号称具有"无限"航程;采用高强度耐压材质壳体,潜深大,隐身性能好,采用超空泡技术,航速可高达110节;采用先进的导航指控通信技术,具有较高的定位精度 | | |
| | | 项目经费 | 未公布 | | |
| 7 | 法国第三代弹道导弹核潜艇项目(SNLE 3G) | 项目背景 | 目前,法国现役的"凯旋"级弹道导弹核潜艇为20世纪80年代初期研制,首艇至今已服役20余年,性能逐渐落伍,加上近年来美俄英等核国家加紧发展新一代战略导弹核潜艇,进一步促使法国研制第三代战略导弹核潜艇,以承担未来的海基战略核威慑任务 | 2012年,法国开始第三代战略导弹核潜艇相关技术预研工作,以及其他准备工作。2018年2月,法国国防采购局授予泰 | 增强法国的核威慑能力 |
| | | 研究目标 | 2021年法国国防部长称,正式启动第三代战略导弹核潜艇的研发生产项目,主要取代本世纪30年代初开始逐步退役的"凯旋"级潜艇,项目代号为SNLE-3G,还未正式命名。该潜艇计划建造4艘,首艇计划于2035年投入使用,随后每5年交付一艘 | | |

续表

| 序号 | 项目名称 | | 项目基本情况 | 研究进展 | 军事影响 |
|---|---|---|---|---|---|
| 7 | 法国第三代弹道导弹核潜艇项目（SNLE 3G） | 研究内容 | SNLE 3G 比"凯旋"级潜艇更加先进，包括提高了声学判断力，改进了流体力学，提高了机动性，更安静的推进系统，用新涂层提高隐身能力，技术上更先进的传感器，尤其是用于潜艇探测的传感器，这一切旨在应对未来 50 年可能出现的威胁 | 勒斯公司一项为期 42 个月的声纳系统技术研发合同，并明确指出新型声纳系统将用于第三代战略导弹核潜艇。法国国防采购局于 2021 年签订第一份合同，内容包括开展持续至 2025 年的研发，生产 SN-LE 3G 船体和核燃烧室的第一批部件，以及为建造海军集团战略弹道导弹核潜艇生产设施做准备 | 增强法国的核威慑能力 |
| | | 关键技术及解决问题 | SNLE-3G 潜艇采用是 X 形尾舵，可以让潜艇获得更好的水下操控性能，提高潜艇的水下机动性。SNLE-3G 潜艇与"凯旋"级相比，排水量增加约 2000 吨，艇长增加 6~10 米，导弹发射筒数量仍为 16 枚，将携带改进型 M51 弹道导弹或其替代型。法国第三代战略核潜艇主要有三个技术特点：一是噪声控制将更出色，降低被敌方反潜力量发现的概率；二是配备新的声呐和指挥系统，态势感知能力更强，自动化程度更高，自卫能力也进一步提升；三是更强的核打击能力，改进型 M51 导弹可能配备高超声速弹头，新的突防装置，射程也有可能提升 | | |
| | | 项目经费 | 2017 年预算拨款为 1.17 亿欧元 | | |

# 2021 年战略威慑与打击领域重大科研机构画像

## 一、洛斯·阿拉莫斯国家实验室

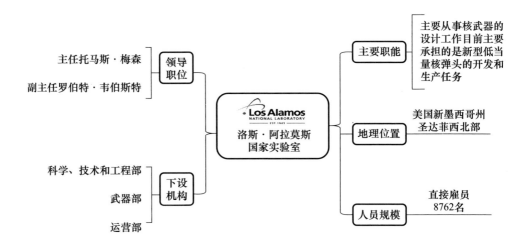

洛斯·阿拉莫斯国家实验室是美国三大核实验室之一，主要从事核武器的设计工作，目前主要承担的是新型低当量核弹头的开发和生产任务，

当前的"明星产品"是备受瞩目的 W76-2 型核弹头，用于装备"三叉戟"潜射弹道导弹。

## 二、劳伦斯·利弗莫尔国家实验室

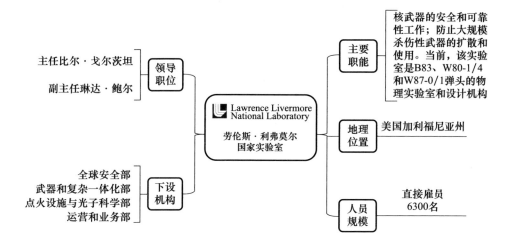

劳伦斯·利弗莫尔国家实验室成立于 1952 年，主要负责核武器的安全和可靠性工作；防止大规模杀伤性武器的扩散和使用，加强美国本土安全；解决能源、环境安全、基础科学和经济竞争等国家问题。

## 三、桑迪亚国家实验室

桑迪亚国家实验室由洛克希德·马丁公司桑迪亚分公司管理，主要从事核武器非核部件的研制、工程化和试验，负责核武器系统的可靠性和安全性研究，研发武器控制和防核扩散技术，研究核废料的处理方法等。

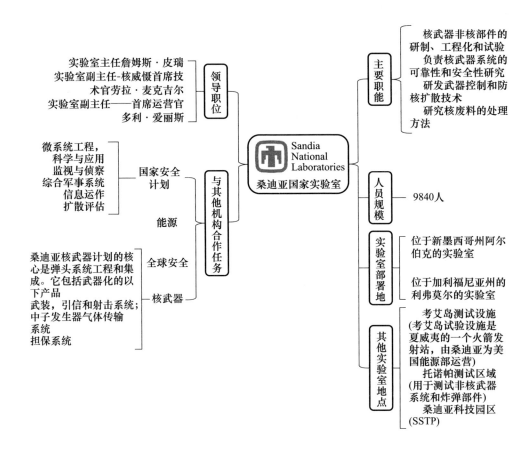

## 四、量子系统加速器小组

2020 年 8 月，桑迪亚国家实验室整合了一个由美国能源部主导，设有 5 个国家量子信息科研中心的研究小组——量子系统加速器小组（Quantum Systems Accelerator）。能源部认为桑迪亚国家实验室在量子制造、工程和系统集成方面的专业知识将给予这个小组很大的帮助，项目的主要目标就是将时下异军突起的量子计算机和核技术进行联合，使它们可以转化为对研制新核武器有重要作用的机构。

## 五、核弹道导弹 IPT 小组

美国空军陆基战略核弹道导弹在研制中使用一体化产品小组（IPT）机制，成员包括美国空军计划办公室、空军软件工程部和洲际弹道导弹主承包商等。海军战略系统项目部（SSP）也成立了由洛克希德·马丁公司、政府部门以及其他工业部门组成的顶层 IPT（OIPT），目标是将传统战略核武器系统从以军标设计向基于商用产品的开发系统体系设计转变。

## 六、空军研究实验室

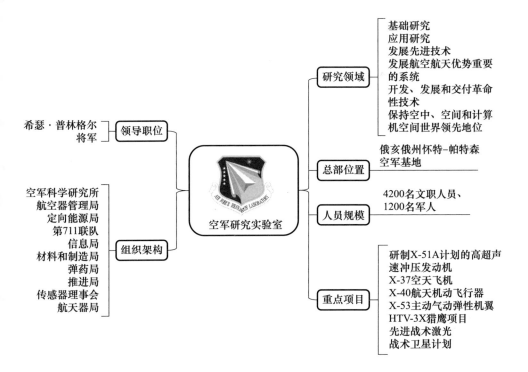

空军研究实验室（AFRL）是美国空军科学和技术的"心脏"，负责进行基础研究、应用研究、先进技术发展，发展对于航空航天优势重要的系统，开发、发展和交付范围广泛的革命性技术。该实验室材料和制造局负责发展应用于航空航天飞行器、导弹、火箭及其地基系统、电子和光学部件等领域的新材料、新加工和制造技术。

## 七、海军研究实验室

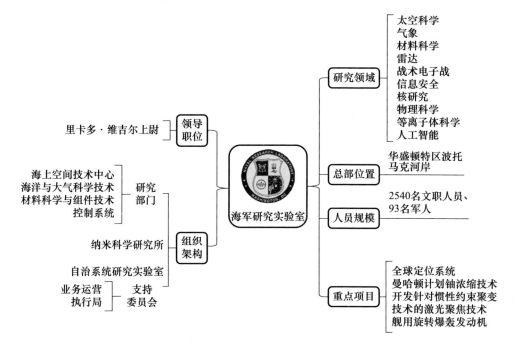

海军研究实验室（NRL）从事广泛的科学研究和先进技术开发。1939年，该实验室开始进行核研究，其目标是为潜艇提供动力。曼哈顿计划采用了海军研究实验室赞助的铀浓缩技术，并将其作为橡树岭国家实验室铀浓缩工厂设计的基础。

# 2021年战略威慑与打击领域重大作战试验活动及军事演习

| 演习名称 | 演习时间 | 演习目标 | 参演力量 | 完成过程 |
| --- | --- | --- | --- | --- |
| 美国第341"民兵"-3导弹联队参与JADC2演示 | 2021年2月 | 美国空军第341"民兵"-3战略核导弹联队参与JADC2演示，促进美军NC3与JADC2及ABMS的未来统一架构设计、核常协同一体作战场景设计的发展 | 先进战斗管理系统（ABMS）；联合全域指挥控制（JADC2）；第341联队核指挥控制与通信（NC3）系统 | 此次军事演示为小规模现场实验，第341联队通过探索各种通信方法和技术来支持一个共同的作战场景，为NC3融合到JADC2以及ABMS的未来架构建立基线或概念验证 |
| 美国"全球闪电2021"战略核力量演习 | 2021年4月 | 向对手宣示战略威慑能力，向盟友展示延伸保护能力 | 美国太空司令部、战略司令部和欧洲司令部，与澳大利亚、加拿大和英国军方共同参加演习 | 演习中，战略司令部与欧洲司令部及太空司令部进行了作战模式整合和信息共享演练，重点演练多域作战，并引入太空能力，同时美军各司令部、盟军及合作伙伴注重演练集成同步互操作性，提升联合部队的协同作战能力 |

续表

| 演习名称 | 演习时间 | 演习目标 | 参演力量 | 完成过程 |
| --- | --- | --- | --- | --- |
| 美国"全球雷霆22"核指控与野战演习 | 2021年11月2日至10日 | 战略司令部每年举行"全球雷霆"核力量演习,重点演练核指控与核战备能力 | "三位一体"战略力量体系 | 第二轰炸机联队的几架B-52H轰炸机从驻扎地巴克斯代尔空军基地飞往迈诺特机场,与第五航空联队共同完成了必要的飞行规划。第22、第92和507加油机联队在指定区域执勤,并为飞往目标或返回机场的轰炸机加油。第91导弹联队操作"民兵"-3洲际弹道导弹,海军第9潜艇编队的数艘战略核潜艇出海,沿指定航线进行战略巡逻。演练在海上重新装载补给品,测试通信管理的新方法 |
| 北约"坚定正午"战术核打击演习 | 2021年11月 | 根据北约"核武器共享计划"举行的实战演练,在战斗中演练运用战术核弹的能力 | 来自14个北约国家的轰炸机和人员参与,包括美国、比利时、荷兰、波兰和土耳其的F-16战机,美军的F-15E战斗轰炸机、捷克的JAS 39"鹰狮"战斗机及德国和意大利的"龙卷风"战斗轰炸机,美国部署在北约的B-61战术核炸弹 | 本次演习围绕着对敌情的侦察、监视和研判展开,即根据战区情报来判定何时下达进行战术核打击的决心,并且迅速确定打击的目标以及打击计划。除参与核打击的攻击机群外,其他支援兵力也在演习中积极配合,一些掩护兵力扮演战术欺敌任务,用核打击的阵势吸引敌方注意却使用常规轰炸手段发动攻击。演习呈现全流程演练、虚实结合的战术,给潜在对手强烈震撼 |

续表

| 演习名称 | 演习时间 | 演习目标 | 参演力量 | 完成过程 |
| --- | --- | --- | --- | --- |
| 俄罗斯和白俄罗斯"西方2021"联合战略军演 | 2021年9月23日 | 应对近期国际局势升级和提高应对盟国被侵略背景下的反应速度 | 56架米-8运输直升机、机动打击部队和空降主力部队、战术突击车辆、榴弹炮等 | 演习中,56架米-8运输直升机运载机动打击梯队和空降主力部队进行空地突击,除了投放作战人员,还有相应的战术突击车辆、榴弹炮等武器装备进行加强。最初登陆部队由24架米-8运输直升机运载。此外还包括雷区穿行、机械化设备多地形驾驶及炮兵远程射击等 |
| 伊朗"伟大先知15" | 2021年1月15日 | 体现革命卫队捍卫国家主权的决心 | "佐尔法加尔""地震""迪兹富勒"等国产中远程弹道导弹、多款国产无人机 | 演习中,大批弹道导弹和无人机从伊朗腹地沙漠地区发射,对一处防御严密的敌方基地发动模拟打击,大批无人机成功发射导弹,摧毁由现代化防空系统保护的假想敌基地,随后发射的弹道导弹成功对预定目标实施精准打击。此外,还对各类型未解密的新型武器进行测试 |

续表

| 演习名称 | 演习时间 | 演习目标 | 参演力量 | 完成过程 |
|---|---|---|---|---|
| 伊朗"力量-99"军演 | 2021年1月20日 | 评估陆军各部队的机动性及进攻能力,以及迅速果断对威胁作反应的能力 | 第55空降旅,第65特种部队旅和第223快速反应旅,特种部队,多架C-130运输机、107毫米火箭炮和23毫米加农炮等 | 演习中,陆军数百名空降兵从多架C-130运输机上接连跳伞并降落在预设地点。同时,运输机向指定区域空投下部分武器及军事装备,包括107毫米火箭炮和23毫米加农炮等。随后,空降部队迅速对空投装备进行组装并夺取了马克兰海岸指定区域。特种部队也参与演习,协助空降部队完成既定任务 |

# 2021年战略威慑与打击领域重要国防科技创新机构

| 机构名称 | 所属国家 | 年科研经费 | 经费划分 | 内设机构 | 职能任务 |
|---|---|---|---|---|---|
| 美国能源部/国家核军工管理局 | 美国 | 89.8亿美元（2022财年） | 38.4 | 洛斯·阿拉莫斯国家实验室 | 主要开展核武器技术研发 |
| | | | 22.3 | 劳伦斯·利弗莫尔国家实验室 | |
| | | | 29.1 | 桑迪亚国家实验室 | |
| 美国能源部/海军办公室美国 | 美国 | 11.8亿美元（2022财年） | 4.2 | 贝蒂斯原子能实验室 | 主要开展舰船核动力技术研发 |
| | | | 7.6 | 诺尔斯原子能实验室 | |
| 美国能源部/核能办公室 | 美国 | 20.6亿美元（2022财年） | — | 爱达荷国家实验室 | 主要开展核反应堆技术以及核领域基础技术研究 |
| 美国能源部/环境管理办公室 | 美国 | 1118万美元（2022财年） | | 萨凡纳河国家实验室 | 主要开展核废物处理处置技术研究 |

续表

| 机构名称 | 所属国家 | 年科研经费 | 经费划分 | 内设机构 | 职能任务 |
|---|---|---|---|---|---|
| 美国能源部/科学办公室 | 美国 | 58亿美元（2022财年） | 0.5 | 艾姆斯实验室 | 主要开展基础科研 |
| | 美国 | | 7.7 | 阿贡国家实验室 | 主要开展核领域综合性研究 |
| | 美国 | | 6.1 | 布鲁克海文国家实验室 | 主要开展核领域综合性研究 |
| | 美国 | | 6.3 | 费米加速器国家实验室 | 主要开展加速器领域基础研究 |
| | 美国 | | 9.2 | 劳伦斯伯克利国家实验室 | 主要开展核领域综合性研究 |
| | 美国 | | 19.8 | 橡树岭国家实验室 | 主要开展核领域综合性研究 |
| | 美国 | | 7.4 | 太平洋西北国家实验室 | 主要开展核领域综合性研究 |
| | 美国 | | 1 | 普林斯顿等离子体物理实验室 | 主要开展聚变与等离子体领域基础研究 |
| | 美国 | | — | SLAC国家加速器实验室 | 主要开展加速器领域基础研究 |
| | 美国 | | — | 托马斯杰弗逊国家加速器实验室 | 主要开展加速器领域基础研究 |
| 库尔恰托夫研究院 | 俄罗斯 | — | — | 物理与化学技术中心 托卡马克物理研究所 凝聚态物理分部 | 核领域综合研究机构 |

续表

| 机构名称 | 所属国家 | 年科研经费 | 经费划分 | 内设机构 | 职能任务 |
|---|---|---|---|---|---|
| 俄罗斯国家原子能公司 | 俄罗斯 | — | — | 全俄实验物理研究院 | 核反应堆技术研究与基础核科学研究 |
| | | | — | 全俄技术物理研究院 | |
| | | | — | 博奇瓦无机材料高技术研究院 | |
| | | | — | 原子反应堆研究院 | |
| | | | — | 莱布恩斯基物理学与动力工程研究院 | |
| 法国原子能与可替代能源委员会 | 法国 | 2020年51亿欧元 | 22.15亿欧元 | 法兰西岛研究中心 | 核武器技术研究 |
| | | | | 塞斯塔中心 | |
| | | | | 瓦尔丢克中心 | |
| | | | | 里波中心 | |
| | | | | 格拉玛中心 | |
| | | | 28.35亿欧元 | 卡达拉奇研发中心 | 核能、核技术应用与核基础科研 |
| | | | | 萨克莱研究中心 | |
| | | | | 格勒诺布尔研究中心 | |
| | | | | 马尔库尔研究中心 | |
| 英国国家核实验室 | 英国 | 1亿英镑 | — | 核设施运营、核废物管理、核退役、核基础科研等分部 | 核废物处理处置及核设施退役技术、核反应堆运行技术研究及核基础科研 |

# 2021年战略威慑与打击领域大型项目预算

表1 2022财年国防部武器和平台预算

| 武器/平台型号 | 预算金额/亿美元 |
| --- | --- |
| F-35"双能力"(DCA)战斗机 | 0.4 |
| B-21轰炸机 | 3 |
| "哥伦比亚"级潜艇 | 5 |
| "三叉戟"-2导弹 | 16 |
| LRSO远程防区外武器 | 6 |
| GBSD陆基战略威慑 | 26 |
| B61-12延寿项目 | 0.03 |
| 核指挥、控制与通信(NC3) | 29 |
| 高超声速武器(陆军LRHW、海军CPS和空军ARRW项目) | 38 |

数据来源：美国国防部《Overview-FY 2022 Defense Budget》。

## 附录

**表 2　能源部 2022 财年武器相关预算**

| 项目 | | | 预算金额/万美元 | |
|---|---|---|---|---|
| 库存管理 | 库存现代化 | B61 延寿项目 | 77166.4 | 463267.6 |
| | | W88 改进项目 | 20715.7 | |
| | | W80-4 延寿项目 | 108040 | |
| | | W80-4 改进（海射巡航导弹） | 1000 | |
| | | W87-1 改造项目 | 69103.1 | |
| | | W93 项目 | 7200 | |
| | 库存维持 | | 118048.3 | |
| | 武器拆除与处置 | | 5100 | |
| | 生产作业 | | 56894.1 | |
| 生产现代化 | 初级能力现代化 | 洛斯·阿拉莫斯钚业务 | 66041.9 | 291097.9 |
| | | 21-D-512 钚弹芯生产项目（洛斯·阿拉莫斯） | 35000 | |
| | | 萨凡纳河钚业务 | 12800 | |
| | | 21-D-511 萨凡纳河钚加工设施 | 47500 | |
| | | 企业钚支持 | 10709.8 | |
| | | 高爆炸药和高能药 | 6878.5 | |
| | 二级能力现代化 | 铀现代化 | 30608.6 | |
| | | 贫铀现代化 | 13821.6 | |
| | | 锂现代化 | 4379.5 | |
| | 氚和国内铀浓缩 | 氚现代化 | 34903.6 | |
| | | 国内铀浓缩 | 13998.1 | |
| | 非核能力现代化 | | 14456.3 | |

续表

| 项目 | | 预算金额/万美元 | |
|---|---|---|---|
| 库存研究、技术与工程 | 评估科学 | 68957.8 | 269063.1 |
| | 工程和综合评估 | 33676.6 | |
| | 惯性约束聚变 | 52900 | |
| | 高级仿真与计算 | 74701.2 | |
| | 武器技术与制造成熟化 | 29263 | |
| | 学术项目 | 9564.5 | |
| 基础设施与运行 | 设施运行 | 101400 | 358643.6 |
| | 安全和环境运营 | 16535.4 | |
| | 设施保养维修 | 67000 | |
| | 基础设施和安全 | 50866.4 | |
| | 基于能力的投资 | 14306.6 | |
| | 程序化建设 | 107735.2 | |
| | 任务赋能建设 | 800 | |
| 安全运输资产 | 运行与设备 | 21370.4 | 33076.4 |
| | 项目方向 | 11706 | |
| 国防核安全 | 运行和维护 | 82462.3 | 84762.3 |
| | 17-D-710，西区保护区减少项目，Y-12 | 2300 | |
| 信息技术与网络安全 | | 40653 | |
| 传统承包商年金和结算付款 | | 7865.6 | |
| 研究与发展 | | 555175.2 | |

数据来源：美国能源部《FY2022 Budget Volume 1》：Weapons Activities。

# 2021年战略威慑与打击领域重大试验活动

| 试验名称 | 国家 | 时间 | 试验情况 | 验证的关键技术 |
| --- | --- | --- | --- | --- |
| B61-12核航弹飞行试验 | 美国 | 2021年9月21日 | 美国空军在内达华州的托诺帕试验场,从2架F-35A隐身战斗机以不同的高度和速度投放了B61-12试验弹,完成核设计认证过程中最后的飞行测试演习 | 验证B61-12核航弹核设计技术 |
| "布拉瓦"潜射战略弹道导弹飞行试验 | 俄罗斯 | 2021年10月12日 | 作为国家试验的一部分,俄海军"奥列格大公"号战略核潜艇从白海海域向位于堪察加的库拉试验场成功发射1枚"布拉瓦"潜射弹道导弹。本次试验也是"奥列格大公"号战略核潜艇交付前的最后测试 | 验证新型北风级改进型战略核潜艇与潜射战略导弹的弹艇配合能力 |
| "玄武"Ⅳ-4潜射弹道导弹飞行试验 | 韩国 | 2021年7月4日和9月1日 | 韩国海军从KSS-Ⅲ型潜艇"安昌浩"号(SS-083)2次成功试射"玄武"Ⅳ-4潜射弹道导弹 | 验证潜艇水下发射弹道导弹技术 |

续表

| 试验名称 | 国家 | 时间 | 试验情况 | 验证的关键技术 |
| --- | --- | --- | --- | --- |
| KN-23铁路机动导弹飞行试验 | 朝鲜 | 2021年9月15日 | 朝鲜铁道机动导弹团在朝鲜中部山区向东部海域，成功发射2枚KN-23铁路机动导弹，飞行距离750千米，飞行高度50~60千米，成功击中800千米外的预定目标 | 验证铁路发射中程弹道导弹技术 |
| "烈火"-5导弹飞行试验 | 印度 | 2021年10月27日 | 印度在东部奥里萨邦海岸的阿卜杜尔·卡拉姆岛于晚间成功发射1枚"烈火"-5导弹。该导弹最高飞行马赫数24，飞行距离5000千米，在发射后15~18分钟内击中预定目标，最终落入孟加拉湾海域 | 验证新型远程弹道导弹性能及可靠性 |